U0938796

珍藏本

纪念版

汉译世界学术名著丛书

语言学概论

〔英〕L.R. 帕默尔 著

李荣 王菊泉
周流溪 陈平 译

吕叔湘 原校 周流溪 补校

2017 年 · 北京

Leonard Robert Palmer

AN INTRODUCTION TO MODERN LINGUISTICS

汉译世界学术名著丛书
（120 年纪念版・珍藏本）
出 版 说 明

2017 年 2 月 11 日，商务印书馆迎来 120 岁的生日。120 年前，商务印书馆前贤怀揣文化救国的理想，抱持"昌明教育，开启民智"的使命，立足本土，放眼寰宇，以出版为津梁，沟通中西，为中国、为世界提供最富智慧的思想文化成果。无论世事白云苍狗，潮流左右激荡，甚至战火硝烟弥漫，始终践行学术报国之志，无改初心。

迻译世界各国学术名著，即其一端。早在 20 世纪初年便出版《原富》《天演论》等影响至今的代表性著作，1950 年代后更致力于外国哲学和社会科学经典的译介，及至 1980 年代，辑为"汉译世界学术名著丛书"，汇涓为流，蔚为大观。丛书自 1981 年开始出版，历时三十余年，迄今已推出七百种，是我国现代出版史上规模最大、最为重要的学术翻译工程。

丛书所选之书，立场观点不囿于一派，学科领域不限于一门，皆为文明开启以来，各时代、各国家、各民族的思想与文化精粹，代表着人类已经到达过的精神境界。丛书系统译介世界学术经典，引领时代思想，为本土原创学术的发展提供丰富的文化滋养，为推动中国现代学术和现代化进程做出了突出的贡献。

为纪念商务印书馆成立120周年，我们整体推出“汉译世界学术名著丛书”120年纪念版的珍藏本，寄望既利于文化积累，又便于研读查考，同时向长期支持丛书出版的译者、编者和读者致以敬意。

两甲子后的今天，商务印书馆又站在了一个新的历史时间节点上。我们不仅要铭记先辈的身影和足迹，更须让我们的步伐充满新的时代精神。这是商务人代代相传的事业，更是与国家和民族的命运始终紧密相连的事业。我们责无旁贷，必须做好我们这代人的传承与创造，让我们的努力和成果不仅凝聚成民族文化的记忆，还能成为后来人可以接续的事业。唯此，才能不负前贤，无愧来者。

商务印书馆编辑部

2017年10月

中译本序

帕默尔这本书出版于1936年，现在说起来是一本“老书”了，可仍然是一本好书。第一，它务虚和务实结合得好，简明扼要，很少多余的话。不像有些作者用写社论的笔法写课本，堂皇而不实惠。第二，它重点深入，讲的方面不多，但是讲得透；有足够的事例，并且能“近取譬”，多数例子取自本国学生比较熟悉的语言。新出的课本讲到的方面都比它广泛，但往往有点“蜻蜓点水”，作为常识很不错，由此入门则不够。第三，历史-比较语言学已经冷落多年，很多课本连提都不提了，这本书提供了初步的介绍。从这几方面看，这本书对于初次接触语言学的人还是很有用的。

这本书也有它的不足之处。首先，它对于语法结构讲得很少，也可以说是没有讲，读者得用别的书来补充。其次，所引事例英语为多，总的说来不出印欧语的范围，对中国学生来说，总像是隔着一层。这可不能怪它，它是写给以英语为母语的学生读的。我们需要一本以中国材料为主而吸收域外著作之长的语言学概论，但这是要中国学者拿起笔来写，不能希望外国学者代劳的。我们期待着这样一本语言学概论早日问世，同时推荐帕默尔这本书作为他山之石。

吕叔湘

目　　录

图表之目

作　者　序

语言在所有人类活动中最足以表现人的特点；而在英国，语言研究却被人忽略，甚至被人藐视。这真是矛盾难解。“语文学家”已经变成温和的鄙薄之词。[1]当然，比较语文学永远不能成为大众研究的题目；很少人有时间或耐性去学几种语言作为从事研究的准备。但是我们必须再三着重说明，比较语文学不过是语言学里很小的一部分；看一眼本书各章的题目就知道了。“语言学”意味着对语言所有各方面的研究，里面有些部门即使没有受过专门训练的人也能够感到乐趣并做出重要的贡献。《英语方言词典》就是业余爱好者的热心和努力（参与）所建立的不朽功绩。

在大学里，也很少有献身于语言学的人；虽然哲学家、心理学家、人类学家和别的学者都认为语言是他们学科里的中心问题之一。我相信，这是由于没有准备的缘故。因为大学本科的时间太短，没法安排时间预先学习一般的语言学原理；学生从中学出来进入大学，一下子就（在比较语文学课）陷入古法语、通俗拉丁语和古高地德语的学习之中。他被一大堆事实难住了；而老师教他：“在可能应用语音定律的地方就用，在不能应用的地方另找解释。”[2]那些拼七巧板式的习作很难使他对所学现象背后之原理形成一个清楚的概念；所以学生常常把语言学看成是武断的、无意义的科目。

因此我给自己定下的任务是：对现代语言学原理重新做一个

简单明白的表述。为了让读者可以把全部注意力集中到相关原理的讨论上来，我想方设法尽可能找简单的例子。例子大部分从英语里找，小部分来自欧洲一般中学里学过的语言——法语、拉丁语和德语。间或引用希腊语，字形几乎完全用拉丁字母转写。但是有一个地方，也许是本书最重要的一章——方言地理，我发现还没有可用的英语材料。

地理方法的运用，毫无疑问是20世纪语言学中最有成果的发展。但是据我所知，任何用英语写成的教科书里关于这一项都没有详细的叙述。所以对于有关问题的讨论和举例我花了相当大的篇幅。可惜虽然法国、德国、意大利、瑞士、罗马尼亚、加泰隆尼亚[③]等地都有方言地图，或者在准备中，而英国依旧空空如也。结果，大部分事例我不得不从法国和德国的资料里去找。然而，我也给英格兰北部某些方言现象编了两幅地图（图十七、图十八）。关于这两幅地图我要说一句提醒的话：那决不能自许为绝对准确；材料太零碎，做不到。但是我冒昧地印出来，希望会引起大家的兴趣；并且希望在不久的将来我们就有一部不列颠群岛名物地图出来，可以跟大陆各国的成就媲美。[④]

除此以外，我插入了一段叙述，讲一个以布拉格为中心的新语言学派之目的和方法。这些语音学家（被人叫作 phonologists[⑤]）致力于一个新的语音学说，他们至今得到的积极结果还不很多；然而这个学说是今日语言学里最有前途的运动之一，因为它打开了从功能方面处理语音的视野。

虽然本书主要是为学生写的，我希望它对专家也不是完全引不起兴趣。我没有一处以重复别人的意见为满足。事实上，教青年学生(他们生来就持异端意见)的工作迫使我每一步都批评现成的学说。我在第四章里编入了我谈类推学说一文的内容,这篇文章即将在《印度日耳曼研究》杂志发表。还有,在第七章里我对方言界线问题有几点新意见。讲语义学那一章自然造成我最大的困难。正如斯特恩(G. Stern)所说:"近三十年来,没有人发表过值得认真考虑的意义学著作。"⑥ 在我看到斯特恩的书以前,我自己那一章已经写好。不过我还是把它改写了一下,以表明我对他那有启发性的学说之态度。学者们早已认识到:对意义变迁类型做纯逻辑的分类是徒劳无功的,因为两种或多种不同过程可以得到完全相同的语义结果。发现决定意义变迁过程的动力和条件才是有趣的。我们不应该满足于排比既成事实,我们应该集中注意说话-听话的情形,尝试对活生生的语言行动做出功能的理解。本书自始至终都强调对一切语言问题从功能的路线进行探讨之必要性。

我现在必须做不易做好的道谢工作。首先我想对学界全体同人表示感激。我特别受到我的四位老师勃朗豪兹(G. E. K. Braunholtz)、翟尔斯(P. Giles)、科列赤梅尔(P. Kretschmer)和布勒(K. Bühler)之无可估量的教益。戈登(E. G. Gordon)教授阅读了原稿,提出诸多改进意见。奥尔(J. Orr)教授阅读了校样,指出好些细节上的错误。雅贝尔格教授(K. Jaberg,图十三)、巴赫教授(A. Bach,图十四)、伽米尔舍格教授(E. Gamillscheg,图十五)和杜查教授(A. Dauzat,图二十)惠允复制地图。我的妻子誊写了原稿并绘制了所有图版。我对所有这些人都表示感谢。

L. R. 帕默尔

曼彻斯特维多利亚大学

附注

① 语文学家(philologists)是研究语文学(philology)的学者。语文学，尤其是历史比较语文学(historical comparative philology)，为现代语言学奠定了基础。现在学界通用 linguistics(语言学)、linguist(语言学家)、historical [comparative] linguistics(历史[比较]语言学)等术语。需要注意的是：现代语言学建立之后，不少人贬低语文学，认为那是"前科学时代"的学问。在英国"语文学家"成为鄙称即由此而来；尽管英国的语文学会(The Philological Society)曾辉煌一时，包括以其会员的奉献促成了不朽的《牛津英语大辞典》之编写和出版。其实，语文学是沟通现代语言学和人文学科(乃至其他学科)的中间地带，本身仍然大有可为。在中国，语文学具备深厚的传统；文字学、音韵学、训诂学、辞章学等都取得很大成绩，也有新的开拓。不过，应该用语言学擅长的严密理论和科学方法来提高语文学的水平，也应该用语文学蕴藏的生动内容和文化精神来充实语言学的构架，并使语文学和语言学都在与其他学科的汇通中发挥更大作用。研究语言的学者不要忽视这一问题。——译注。

② 有一回，一位学生总结他对语文学课的印象如此。——原注。

③ 加泰隆尼亚(Cataluña)是西班牙东北部的自治区，居民说加泰隆语，异于标准西班牙语。按：地名一译加泰罗尼亚(西 Cataloña，英 Catalonia)。语言名英译作 Catalan。(或云，此名才代表该地名之最古词源。)——译注。

④ 参看奥尔(J. Orr)在 *Times Literary Supplement* (1929 年 5 月 21 日)发表的文章。我的地图根据艾利斯(A. J. Ellis)著 *Early English Pronunciation* 卷五(1889)的材料编制。——原注。译者按：英国虽未有方言地图，但有赖特(J. Wright)编的《英语方言词典》(London，1898－1905)。此序首段已提及。

⑤ 曾有一段时间，phonology 被视为语文学术语(可对应于汉语的音韵学)。作者说研究语音学的人被称为 phonologists，即由此而来。现在学界的风向又变了，不久前的新术语 phonemics(音位学)已让位于 phonology(音系学)。这样说来，phonemics 倒不妨反过来用于对译音韵学了。——译注。

⑥ 见斯特恩所著 *Meaning and Change of Meaning* (Goeteborg, 1931)。——原注。译者按：意义学(semosiology)是一个旧术语。今通称为语义学(semantics)。作者说(原书 82 页脚注)："语义学"是语言学中研究词汇意义的部门。今按：未确。它应该(现在实际已经)也研究句法中的语义。

音 标 表

[a] 苏格兰英语 man

[ɑ] 英语 father

[ɒ] 英语 got,[①] 粤语 kot(割)

[æ] 南方英语 man

[b] 英语 ban

[ç] 德语 Licht

[ɕ] 汉语普通话**xi** [ɕi](西)[②]

[d] 英语 **d**o

[ð] 英语 **th**an

[e] 苏格兰英语 day[de],
法语 **été**

[ɛ] 英语 bet

[ə] 法语 le

[f] 英语 **f**at

[g] 英语 **g**ap

[h] 英语 **h**it,南方汉语 **h**en(很)

[i] 法语 s**i**,英语 mach**i**ne[③]

[ɪ] 英语 b**i**t[③]

[ɨ] 俄语 m**ɨ**(我们)

[j] 英语 **y**et

[k] 法语 cadre,英语 cat

[l] 英语 **l**ong

[ɫ] 英语 bu**ll**

[m] 英语 **m**at

[ɯ] 日语 is**u**(いす)

[n] 英语 **n**ot

[ɲ] 法语 mi**gn**on

[ŋ] 英语 si**ng**

[o] 法语 **eau**,徽语 k**o**(家)

[ɔ] 英语 l**aw**[①]

[œ] 法语 p**eu**r,粤语 h**œ**(靴)

[ø] 德语 sch**ö**n,吴语**ø**(安)

[p] 法语 **p**euple,英语 **p**in

[r] 俄语 **r**is,苏格兰英语 **r**ed[④]

[ʀ] 巴黎话 **r**ouge

[ɹ] 南方英语 **r**ed[④]

[ɻ] 汉语 **r**i(日)[④]

[s] 英语 **s**ea

[ʂ] 汉语 **sh**i(是)

[ʃ] 英语 **sh**e

[t] 法语 tasse,英语 tin

[θ] 英语 **th**in

[u] 英语 too[3]，法语 fou
[ʊ] 英语 bull[3]
[ʌ] 英语 but
[v] 英语 van
[w] 英语 wet
[x] 德语 Bach，汉语 hen(很)[5]
[ɤ] 汉语普通话 he(河)
[ɣ] 柏林话 Wagen
[y] 法语 lu，汉语 lü(驴)
[z] 英语 zinc，晋语 zu(乳)
[ʒ] 法语 joli
[ʔ] 伦敦话 little，吴语 bɒʔ(白)
[ː] 表示前面的元音是长音。
[ˈ] 表示后面的音节重读。
[˜] 在音标上表示元音鼻化。如法语 vin [vɛ̃]，闽语 kĩ(见)。
[ˌ] 在音标下，表示该音构成音节。例如[n̩]。
[˳] 在音标下，表示发该音时声带不振动。例如[l̥]。

译者按：本表的国际音标(以及正文内语音图表的内容)都经过我们校订和增补，以便与当代的语音学保持一致并利于中国人的学习与研究。

① 按英国南部的发音，not 中的 o 严格地说应该标作[ɒ]；但为了方便，过去一般词典都从简从宽标作[ɔ]。现在又有据实标作[ɒ]的趋势。而 law 中的元音是[ɔ]：其舌位比[ɒ]高，而且是个长音；一般词典标作[ɔː]。

② 注意：汉语(普通话)的[ɕ]是硬腭(舌面)摩擦音(在 28 页图中位于 ʃ 和 ç 之间)；汉语拼音字母作 x。但这是拉丁字母 x 的改用，也与国际音标[x]无关！

③ 在宽式标音中，英语的[i][ɪ]和[u][ʊ]通常标作[iː][i]和[uː][u]。在[ɪ]和[ʊ]作为复合元音的末一成分时亦然，即标成[i]和[u]。但是，当代词典又有从严的趋势；所以，英国南部发音的[iː～ɪ]、[uː～ʊ]、[aɪ，eɪ，ɔɪ]、[aʊ，əʊ]这种标音已经很常见。

④ [ɹ](通音)只用于严式标音；一般从简作[r]，本书的例词注音亦然。颤音[r]在世界各语言中很常见。苏格兰的 r 一般视为颤音；但它可能是不完全的颤音，即只是拍音(tap [ɾ])。汉语普通话的[ɻ]是卷舌(翘舌)通音。

⑤ [x]是软腭摩擦音(俄语字母 x 之音)；它异于硬腭摩擦音[ç](此[ç]绝不按法语字母 ç 读音！)。注意：北方汉语和普通话 hen(很)的声母是[x]。

第一章　绪论

研习语言的人一定会首先提出一个简单问题:“语言是什么?”说话是如此无意识的动作,语言是说话者如此不可缺少的一部分,以至在日常生活中谁也不去想到语言的存在和它的作用有多大。可是当我们走到外国的时候,第一件引起我们注意的事就是那儿的居民用嘴发出一些我们不懂的声音;而听到这些声音,他们的行为就这样或那样受了影响。这实在就是语言的本质。语言就是发出语音,用以影响其他人的行为;反过来看,语言就是听话者对这些声音的译解,由此可以明白说话者心里想什么。[①]这儿立刻就发生一个问题:为什么一定要用这种办法?因为心和心之间直接交通不可能,就产生这种必要性。我们要传给别人一个信息,不能直接把我们的思想送到他心里去[“他心通”(telepathy)的证据不足,丢开不论]。为了传递信息,我们可以带一朵花、用特殊的方式贴邮票、扮鬼脸、做手势、出怪声。碰到海伦·凯勒这种例子,她又瞎又聋,老师只能利用触觉。她发明一套用手指轻轻敲击的系统,这样两个人之间就可以沟通。要是没有这一套,便不能造就海伦·凯勒的教育奇迹。[②]因为只有用某种方式影响感觉器官,我们才能把信息传到对方的心里去。这种在心与心之间建立交流的方式构成了语言的根本问题。但是在处理语言这一特殊问题以前,必须先讨论记号(sign)的一般性质。

有人说过：我们要知道别人的心理过程，只能从观察他的行为来推论。所以，如果我脸红了，观察的人可以假设我害羞或者受窘；如果我眼睛抽动，他可以推定我激动。因为他对自己的感情跟同时发生的身体上的表现有经验，他能够做出这种推理。那就是说，他从某种观察推论出跟他自己在同样情形下相同的心境。然而，脸红和说话之间有相当的不同。脸红常常是无意的。这是神经系统发生扰乱的结果；所以心理的状态和身体的记号（脸红）之间有因果关系。但是当我们发出“我害羞”一组声音的时候，这动作完全在意志控制之下；这声音跟心理状态之间的关系是完全任意的。如果我们是法国人我们就用另外一组声音，如果我们是德国人则又别是一组；虽然法国人、德国人脸红的情形和我们一样。因此我们能够在记号（sign）和符号（symbol）之间画一条界线。脸红是心理状态之自然的、无意的结果，是那个心理状态的记号。发出“窘极了”一组声音却是武断的任意之事；我们故意这么说，让听者可以识解而间接知道我们的心理状态。这个东西我们叫作符号。所以烟可以说是火的记号，[faɪə]这一组声音却是火的符号。我们坚主语言符号的任意性；这是语言科学的基础，无比重要。如果把语言跟人类以外的动物所用的交际系统比较一下，对这个根本事实就会有更清楚的了解。

德国科学家弗里胥（K. v. Frisch）[③]对蜜蜂的社会生活和它们的交际方法做过很多有趣的观察。把一张涂了蜜的纸放在蜂巢附近一个地方。常常要过几点钟甚至几天，那张纸才被一只蜜蜂发现。以后事情就进行得快了。那只蜜蜂把它采到的东西运回去，尽可能快地回到它有所发现的地方来。但是它不是单独回来的——没有多大工夫就有成百的蜜蜂围上那一片蜜。显然,第一只蜜蜂用某种方式把它的发现通知了它的同伴们。这种交际的事实是如何发生的呢?实验者从密切的观察中发觉:发现者回去之后,蜂巢里举行一个极有趣的典礼。回来的蜜蜂放下负载之后,就跳起很复杂的舞来,吸引和激动巢里别的分子。它们聚集在周围,用触角去碰跳舞的蜂。它忽然停止跳舞,飞走了。现在,弗里胥观察到:别的蜜蜂并不是简单地跟随它,它们过了一会儿自己找路飞到那个地方。甚至人把蜜拿走,换上一杯糖水,它们还是找到那儿。这些蜜蜂怎么知道的呢?信息怎么传给它们的呢?弗里胥用一套实验证明:蜜蜂走进花里去的时候,有香味沾在它身上。别的蜜蜂闻到这香味,就出去搜索同样的香味。如果发现的是一碗糖水,糖水没有香味,可是它们的搜索也一样成功。弗里胥继续实验,发觉蜜蜂能够用它身上一种腺体的自然香气,在发现物上做记号。那碗糖水沾了这香味,吸引了一大片地方的蜜蜂。蜜蜂的语言就谈到这里。

跟人类言语比较起来,这样一种符号化的东西是很粗糙的。其局限性和缺点一目了然。符号与所代表的事物来自同一领域,二者的质料也相同。因此它只能适用于那些结构较简单的、物质性的对象。为达到人类交际之复杂目的,我们需要更有弹性的、不怎么笨重的符号。我们不能把一切有可能提到的实物之样品都带在身边,更不用说爱情、荣誉、服从等等抽象概念了。但人的发音器官,几乎永远是想发声就能发声。对组成符号这种可能性之利用是使人类区别于低级动物的主要力量。这套系统显然拥有巨大的优越性。在语言里,符号的物质性被去掉了,它放弃了任何类似或模仿它所代表的事物之处。它们之间的关系完全是另外一种关系。我们说：把某种心理内容派给某种声音组合，那完全是任意搭配的。我们现在必须考察这种特殊的关系，就是“名”（即词）和“物”之间的关联。这种关联是怎么发生的？怎么有这种可能呢？

俄国生理学家巴甫洛夫的实验对儿童的语言符号化之发展有很多启示。巴甫洛夫用狗做实验；他给狗东西吃的时候，就吹某一个调子的哨子。每餐这样重复。最后他观察到：就是吹了哨子不给东西吃，狗也表现出期待食物的所有记号，例如流涎。心理学家把这种现象叫作“条件反射”（反应）。流涎的反应是以固定调子的吹哨为条件的。现在我们来观察儿童学习母语的过程。他看见一个东西（比方说调羹），又听到[spuːn]一组声音。这件事重复发生。他听到“这是调羹”、“调羹在哪里？”、“调羹没了”这些话。最后这一组声音在他心里唤起一种跟实在的调羹相当的印象。这是条件反射，跟巴甫洛夫的狗对哨子的反应相同。[④] 当然，我们说的是一个英国小孩。法国小孩有不同的“条件”，有不同调子的哨子。他听到的是[kœje]。德国小孩听到的是[lœfl]。所以只有经过长期的复杂的训练，儿童才能理解构成其本族语的符号系统。对儿童而言，这不是自然的，也不是本能的。没有一个在英国出生的儿童自然会说英国话。如果生下来就把他送到中国去，他的中国话就跟本地人的不能分别，英国话就变成他的外国话。所以，我们得出结论：声音符号跟它所代表的事物之间的关系是完全任意的，它们中间没有自然的或者必然的关联。

聪明的读者立刻会提出拟声（onomatopoeia）和语音象征性（sound symbolism）的问题。既然上文所说的信条是语言学理论

的拱门顶石，我们就必须除去人们的怀疑。当然，像“郭公”、“叮咚”等拟声词显然是模仿它们所代表之声音的；在这个范围内，它们得算是我们的信条——词和意义之间存在任意关系——之例外。可是有些学者却进而主张每一个音有一种内在的性质，宜于表示某种意义。现代语言学奠基人之一格林（Jacob Grimm）说：每一个音基于其发音器官都有自然的内容。丹麦学者叶斯柏森（Otto Jespersen）指出许多英语词，意义是小、巧、不稳定，都含有短元音[ɪ]；例如 little、flimsy、brittle、fickle、fritter、niggling、snigger、giggle、thin、kid、nipper 等。但是这些音无论多么富于表现性，我们都不能定出普遍的原则来。只要提出像 big（大）和 thick（厚）一类词包含短元音[ɪ]，而 small（小）的元音和 broad（宽）的相同，语言的任意性实在就可重新建立起来。

那种语言观又好像可以从“父”和“母”这两个词得到支持。这两个词在相差很远的语言里都很相似：“父”这个词通常包含[p]或[d]（papa，dada“爹爹”），“母”这个词包含[m]或[n]（mama）。然而那不能证明这些音和所表现的意义之间有任何自然的关联。双唇鼻音或双唇爆破音没有什么可以表现父亲性或母亲性。这种巧合必须另找解释。每个儿童最早发的音里就有双唇辅音；嘴唇为了要吃奶，生下来就很发达。父母用这些最早发的声音指他们自己，还有比这更自然的吗？这实在就是大部分婴儿语演进的方式。婴儿在某一特定情景发出某组特别声音，这或是偶然为之，或是模仿一些听到的声音而没有学成。这些声音、这些胚胎词，被他周围的人抓住了；他们认为小孩想说什么，就把什么意义加上去。就这样，是保姆或者父母他们创造了婴儿语；并且往往为感情所误导，还真的拿来教小孩。小孩承受额外的劳心负担，学两种话而得不到补偿实惠(婴儿语甚无谓)。幸而这种胡闹已越来越少；小孩说话正确(不讲幼稚无用的婴儿语)，已不再被看成早熟或“老套”了。

别的学者又提出意见，说语言是原始的嘴巴姿势演化出来的。所以在中美洲某些语言里，嘴唇向前伸表示远的东西，向后拉表示近的东西；结果就有性质不同的元音(见下章)。这样一种声音交替其实可以在好些语言的指示代词中看到：英语有 there(那里)、yon(那里)跟 here(这里)；德语有 dies(这个)跟 das(那个)，法语有 ceci(这个)跟 cela(那个)，马来语有 iki(这)跟 ika(那)。在别的情形下可用声音来比况地表现意念。譬如 see-saw(跷跷板)里的元音交替表示一上一下的动作；zig-zag(逶迤)也是一个同类的例子。但是，无论这些现象如何普遍，无论利用语音象征来增加表现力如何自然，[⑤]我们要注意：在不同语言里这些词的相似常常都限于一个音素。语音象征性很少在两个语言里独立地造成相同的词。德国人用 Bim-Bam 表示钟声，我们的反应是 ding-dong。德国公鸡的啼声是 Kikeriki，它的英国堂兄弟的啼声是 cocka-doodle-doo。比较这些词并不能恢复二者所由演变的共同原始形式。

还有一个反对的理由。这些关于语言的理论，大多数都是提出来解释语言的起源的。然而我们必须坚定地主张：对语言起源的思辨不是我们所理解的语言科学之必要组成部分，正像物理学家不觉得他们必须提出关于物质起源的理论那样。[⑥]语言学是经验的和实证的科学。它的兴趣和研究的正当对象是有文字记录的具体语言以及我们可以用眼睛和耳朵研究的语言行为。在我们刚才讨论那种意义上的语音象征性，无疑对语言的创造和演进发挥过作用，并且还要继续发挥一定的作用。但是我们必须始终强调一个主张：在绝大多数例子里，即使最坚定的浪漫主义者都不能找出语音和词义之间有必然的关联。这就是基本的事实，是语言科学之建立必须依赖的基础——声音和意义关联的任意性。记住这一点，我们现在就可以来着手比较不同的语言符号系统了。

英国学生学习德语的时候，英语和德语中相同的或很相似的普通词汇之多，会引起他的注意。例如：

德语	英语	德语	英语
Mann	：man（人，男人）	Schwester	：sister（姐妹）
Weib	：wife（女人，妻）	Milch	：milk（奶）
Kalb	：calf（牛犊）	Butter	：butter（黄油）

这是怎么来的呢？定名的运作是往东西上贴标签的过程。设想我们有一万件东西，有一万张记号不同的标签，请不同的人在不同的房间里任意贴。他们互不相谋而得到相同贴法的机会有多少呢？数学家会告诉我们：或然率太小，等于不可能。语言是一种与此完全相似然而更加复杂的运作。发音器官发出和某种“事物”有关的音素或音素组合。当然，不同的语言可能有相似的音素组合；例如英语 feel（感觉）、德语 viel（多），英语 reason（理智，理由）、德语 Riesen（巨人[复数]）；但是两组说话者独立地得到相同的或平行的音义配合关系之机会太少，其实是不可能得到的。[⑦] 所以对英语和德语里上述那些相似的情况，我们必须求助于别的解释。既然这种广泛的相似点不能是碰巧的，我们只能归结为这些语言在来源

上有些关联。我们一定要在两个假说里选一个:或者这两个语言是亲子关系,有一个是亲语,另外一个从它演化出来;或者两个语言是同源而衍生的。然而,第一个选择里含有亲语可以历久不变的设想;这个设想与已知的事实相冲突:[⑧] 因为(我们将在下文里看到)所有的语言都处在不断变迁的过程中。所以我们不得不接受第二个假设:这两个语言都是从另外一个语言演化出来的;那个语言曾在古代某一个时期流行,跟任何从它衍生出来的后代语言都不同。那个语言才叫作亲语(或祖语)。[⑨]

要确立这种亲缘关系的事实,不能只有词汇一方面的证据。因为,从下文(第八章)我们将会看到:文化接触会使词语由一个语言从另外一个语言借进来。英语曾经从阿拉伯语借入了一些词,例如 algebra(代数)。[⑩] 没有人会以此为理由主张英语跟闪米特语系有亲缘关系。造成亲缘关系之最主要的证据是语法结构相同;因为即使词汇里充满了外国借词,语言依旧会保持它们本来的结构。英语和赫梯语(Hittite)都有这样的情形。

如果我们把这个标准应用到德语和英语有亲缘关系这个主张上,我们立刻就找到确凿的证据。英语大多数动词的过去时形式是加上[-d]或[-t]造成的;例如:gather - gathered[-d](聚集)、call - called[-d](呼叫)、walk - walked[-t](步行)、push - pushed[-t](推)。为什么用[d]或[t]来表示过去时,并没有内在的理由。因此,德语里出现同样的语法手段[-t](sagen - sagte“说”、fragen - fragte“问”)就确凿地证明了德语跟英语的关系。

我们在上面几段用简捷的例子说明了语言学家的所谓比较研究法。因为运用这种方法,语言学得到了比较语文学(比较语言学)

这个普通称呼。为了发现相似点,就拿各种语言来比较。如果发现了结构跟词汇的相似点,因为这种相似决不会是碰巧的,我们必须归结到那些语言有历史的关联。

亲缘关系的观念涉及另外一件事实,那件事实引导我们提出第二条公理。如果几个语言相似但又不同,而我们假定它们有共同的祖先,那就牵涉到变迁的观念。现代英国人甚至读莎士比亚都已经需要相当的帮助;读乔叟则需要专门的语法和词典,而《贝奥伍尔夫》(*Beowulf*)就是读不懂的书了。[11]然而盎格鲁-撒克逊语(Anglo-Saxon)是英国人的祖先在英国本土说的语言。那个语言,父子相传一条直线地传下来,三十几代就变得这样厉害;无论就哪点讲,已经变成外国语了。看看其他国家的情形:德国大学生们不但必须学习现代德语,还要学古高地德语、中古高地德语以及各种各样的变种;面对这些东西,他们常常望洋兴叹。我们在全世界都可以看到同样的过程;没有一个地方的语言是保持不动的。这是语言学的第二条公理。无论如何,就语言而论,赫拉克利特的名言"一切都在变"是对的:语言,至少在口语方面,完全处在不断变化的过程中。[12]跟第二条公理相应,我们有语言学家运用的第二种方法——历史的研究法。这个方法是把任何一个语言的变迁一直追溯到该语言的最早记录。这样,我们可以循着英语的演变,倒推到最古的盎格鲁-撒克逊文献。至于德语,则古高地德语是我们研究的最后目标。我们只有在应用历史研究法推进到极限的时候,才运用比较研究法。[13]

语言学家运用这两种方法,已经得到显著的结论,就是:欧洲和亚洲一片广阔土地上人们所说着的差异很大的语言,从西欧的

爱尔兰语到印度北部跟中部的语言，都是有密切的亲缘关系而从一个共同的祖语降生出来的。下面的比较表可以让你一眼看出这句话的真实。这些语言组成所谓印欧语系，后面要仔细讨论。⑭不过在这儿我们要暂且考察一下可以普遍看到的一些语言现象。⑮

梵　语	希 腊 语	拉 丁 语	哥 特 语	德　语	英　语
asti	ἐστί	est	ist	ist	is
yugám	ζυγόν	iugum	juk	Joch	yoke
bharami	φέρω	ferō	bairan	ge-bären	bear
aṣṭāu	ὄκτω	octo	ahtau	acht	eight
ajras	ἄγρος	ager	akrs	Acker	acre
pitár	πατήρ	pater	fadar	Vater	father

上文提到过，语言在本质上是人类发出的声音。这些声音是造成语言的材料。但是语言不止如此。读者必须永远记住：虽然为了叙述的目的，我们可以着重谈语言符号的这一方面或那一方面；但语言是为了影响听者的行为⑯这一特殊目的而发出的声音，而我们假定听者能够识解他所听到的声音。⑰事实上，语言就是有意义的声音。然而我们在讨论语言时，最方便的是先就音论音，把它们传达意义的特性放到后面再说。

附　注

①　语言其实有三种功能：它表示说话者的思想、感情等；它影响听话者之广义的行为（这是召唤性或取效性功能）；它把所指的“事物”符号化。既然前两个功能没有最后一个便不能实现，那就是说符号化作用（音和义的特定配合）是构成语言的因素。那么我们可以给语言下一个定义：语言是一个符号系统，符号的材料是语音。（关于“书面语言”，见下文第六章。）——原注。

② 海伦·凯勒(Helen Adams Keller,1880—1968)是美国作家、教师。她自幼又瞎又聋,但在 A. M. Sullivan 女士(后来还有别的教师)用特殊方法帮助教育下,却奇迹般地完成了一系列的学习课程而达到高等教育程度。她曾巡回讲学,以自己的经历鼓励残疾人勇敢地生活下去。——译注。

③ K. Frisch, *Das Leben der Bienen*, Berlin. 1929. ——原注。

④ 当然,这只是对学习的外部情况之描写。儿童在这方面"赋予意义"的过程比这还复杂;我们不准备在此讨论。——原注。

⑤ 在语言里只是偶然的现象。富于创造力的诗人凭借其才艺对这种资源加以利用。——原注。

⑥ 这是著者自己的信念。不是所有语言学家都同意的。——原注。

⑦ 语言学家收集到几个实例。波斯语的 bad 意义跟英语的 bad(坏)相同,匈牙利语的 juh 读音像英语的 ewe(羊)。然而这些例子之稀少(虽然全世界的语言都搜索遍了),只能证明上面所说的话之真实性。——原注。

⑧ "美语从英语衍生出来"的事实好像跟这个结论冲突。附图可以把这一点弄清楚些。如果我们比较现代英语(B)和现代美语(C),即便没有历史证据,也很清楚这两个是亲属语言。虽然我们马虎一点可以说英语是美语的亲语,这可不等于说(C)是从(B)衍生出来的。美语出自过去一代移民所说的英语,现在再也没有人说得跟它完全一样了。这个旧语言我们在图里用(A)表示,(B)(C)都从(A)演化出来。所以,说美语和(现代)英语为一个共同始源语所衍生,才是对的。(方言问题使这个论证更加复杂,可是并不摧毁这个论证。)——原注。

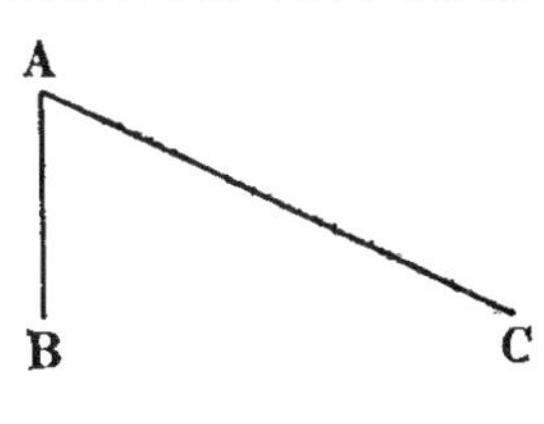

⑨ "亲语"原文为 parent language,是本书作者的一贯术语。但在别的语言学文献中,有一个同义的可替换术语 ancestor language;而此词便于用来指辈分较高的始源语,故可汉译为"祖语"。我们在译文中随宜交替使用"亲语"和"祖语"二名。注意:有人把 parent language 和 ancestor language 译为"母语",不妥。"母语"应该用来对译 mother tongue,指儿童自幼习得的本族语(native language)。自然,native language 也可以对应于"母语"(如 his native language"他的母语")。又:母语的概念,世界语(Esperanto)表述为 gepatra lingvo(父母语);这个说法更恰当而又灵活。——译注。

⑩ 该词直接来自意大利语,其终极词源是阿拉伯语。——原注。

⑪ 英语史家通常把莎士比亚(William Shakespeare,1564－1616)以来的英语称为现代英语(modern English),把以乔叟(Geoffrey Chaucer,1342?－1400,"英国诗歌之父")为代表的英语称为中古英语,把盎格鲁-撒克逊语称为古英语。但严格说来,盎格鲁人和撒克逊人渡海至不列颠群岛前后各自所操的语言不能马上称为古英语;要等到这两族人在英格兰定居一段时期、他们的语言(方言)相当融合之后,才算形成了古英语。《贝奥伍尔夫》(约形成于公元8世纪的英雄史诗)就是用古英语写定的。至于莎氏的"现代英语",现在说当代英语(current or contemporary or present-day English)的人并不都能读懂。准确地说,那个时代的英语应译为"近代英语",而且是早期近代英语。但是若碰到朴茨玛的《晚期现代英语语法》(H. Poutsma, *A Grammar of Late Modern English*),就要明白它的所谓"晚期现代"不会是"当代",实在就是"晚期近代"亦即读者能实在感受到的"现代"。当前有必要区分近代、现代、当代的概念。荷恩毕等人编的《当代英语高级学生词典》(A. S. Hornby et al, *The Advanced Learner's Dictionary of Current English*)、夸克等人著的《当代英语语法》(R. Quirk et al, *A Grammar of Contemporary English*)这些20世纪的书都已明确使用"当代英语"的提法。(夸克等人最后写成的一部大书 *A Comprehensive Grammar of the English Language* 之标题没有用这个术语。)——译注。

⑫ "书面语言",见第六章。——原注。译者按:赫拉克利特(Heraclitus,约前530－470)是古希腊哲学家,被列宁称为"辩证法的奠基人之一"。

⑬ 对这两种方法的详细说明,见第三章。——原注。

⑭ 见附录一。——原注。译者按:还要看附录二的具体材料才能真正体会到印欧语言之间的亲缘关系。

⑮ 下表六组词,意义顺次为:'是'、'轭'(参见191页、196页)、'负担'(参见189页、196页)、'八'、'亩'、'父'(参见189页、198页)。——译注。

⑯ "行为"的意思包括所有心理的和身体的活动。——原注。

⑰ 说话是一种有目的之活动,说话者在说话的时候不断变动他的工具,以求最成功地达到其目的。从这一观点讨论语言中的某些问题,见第四章。——原注。

第二章　作为语言质料的语音

声音的感觉起于在耳朵鼓膜上一连串有节奏的挤压，[①]听到的声音之音高看所受挤压的速率而定。如果挤压重复的速率每秒钟大约 16 次，我们就经验到人类耳朵能够感觉到的最低的调子。听到的声音之音高随速率的逐渐增加而升高，等到速率达到每秒钟大约二万次时，就到了耳朵能够感觉到的最高的调子。对鼓膜的连续挤压通常由空气的扰动造成。物理学家告诉我们：如果空气受到任何扰动，一串波动就从扰动中心向外散开，跟一块石头丢进池塘里引起波纹是一样的情形。这种扰动可以由各种方式造成。例如当一根振动的弦扰动附近空气的时候，就放射出一串波动，撞击到人类的耳朵就造成声音的印象。振动的速率跟由此引起的调子的音高，一来决定于弦的长度，二来决定于弦的松紧；除此之外还有一些别的因素。另一种形成声音的方式，是利用能以气流去振动的弹性物体。这个原则表现在簧管(reed pipe)跟竖笛(clarinet)里。

在进行专门讨论语音之前，有两个现象要提一下——共鸣跟陪音。任何空腔都有所谓共鸣的性质。这种特性的来源是：如果空腔受了任何扰动，从腔口进去和出来的空气的振动便放射出引起听感的波动。振动的频率跟由此而定的调子之音高主要看空腔的容量和腔口的大小而定。所以小口的大空腔造成的振动频率小，调子低。空腔缩小，口儿加长，调子的音高就上升。[2]空腔还有一个特性：对跟它的固有频率音高相同的调子起反应。因此，如果在固定音高是C的空腔口上连续发A、B、C的调子，在发C音的时候空腔就起共鸣振动。[3]实际上所有乐器都应用这个共鸣的原理，配备着某种扩大音响的手段。小提琴的弦单独振动，只能发出微弱单薄的声音；但是被琴身共鸣放大之后，调子就扩大并且充实了。这一点引起所谓音色(timbre)或者音质的讨论。

小提琴跟笛子即使奏同一个调子，也很容易认出它们的不同。要了解这个音质不同的理由，一定得讨论振动的弦之特性。假设让一条定长的弦振动，发出的基音是C。然而，这条弦不光是全部振动，也做部分的振动；后者发出一连串比较高的调子，叫作陪音。这些不同比例的陪音之出现，决定了一条弦或者一团振动的空气发出之调子的音质或音色。竖笛跟小提琴奏相同调子时的差异不在于构成调子的振动频率，而在于跟它同时发生的陪音之性质。这一点对于讨论我们叫作元音的声音是非常重要的。原则上讲，人的发音器官跟单簧管和双簧管等管乐器一样：

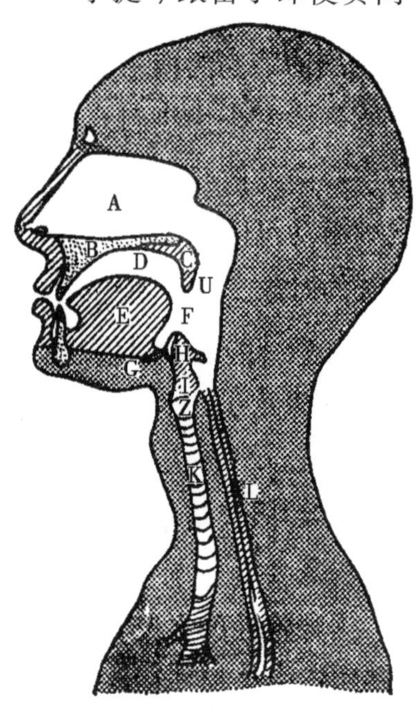

图　一

A. 鼻腔，B. 硬腭，C. 软腭，D. 口腔，E. 舌，F. 咽头，G. 舌骨，H. 会厌，I. 声带，K. 气管，L. 食道，U. 小舌，Z. 喉头。

利用振动的薄膜使一团空气发音。我们呼气的时候，空气从肺里排出，经过气管，从口鼻外流（见图一）。要让这一团空气振动，我们必须利用声带。声带是两片有弹性的薄膜，通常呼吸的时候向喉头两旁折叠。声带连着肌肉，利用肌肉可以靠紧拢而阻止从肺里出来的气流。气流受强压通过声带，声带因此振动，就发出声音。但是这个声音，如何能变化成 fat（胖）、fate（命运）、fit（适合）、feet（脚［复数］）、foot（脚［单数］）这些词当中的不同元音呢？现已证明：元音的不同音质，像乐器的不同音色那样，完全看陪音跟基音配合的不同而定。这些陪音就叫作某一元音的共振峰。图二举出最普通元音的共振峰。

从图一中可以看到：人类的发音器官像双簧管一样，包括一对可以振动的薄膜，以及由咽喉、鼻、口造成的共鸣腔。空腔的形状跟由此决定的共鸣音高可以变动；这种变动是由于上下唇向前伸或向后拉，由于口的开闭，最主要的是由于舌头形状和位置的变化。舌头是很有力的肌肉，能够向四面八方伸缩。上文已经说过：共鸣腔

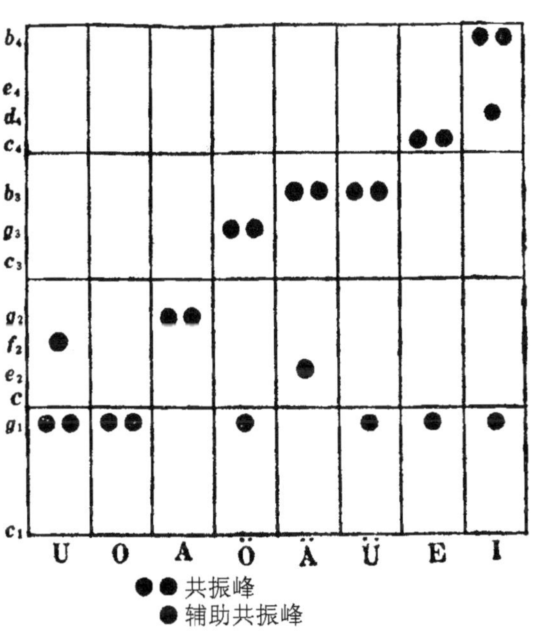

图　二

有一个特性，可以选择并且放大适合它自己的共鸣音高之陪音。所以如果口大开、舌头平放，就发出德语词 Mann 的[a]音。这个形状的口腔选择并且放大那些[a]之共振峰的陪音；就是 g^2（及 d^3）的调子。[④] 如果我们变动口腔的形状，舌头逐渐向硬腭前部抬升，便发出一串包含在 mat，met，mate，mit，meet 这些词里的元音，用音标写下来是[a，ɛ，e，ɪ，i]。如果舌头向口的后部抬升，我们便听见一串包含在 sap（树液）、sop（浸，吸水）、soap（肥皂）、soup（汤）等词里的元音，用音标写来是[a，ɔ，o，u]。[⑤] 这些事实可图解在所谓元音三角形里（见图三）。

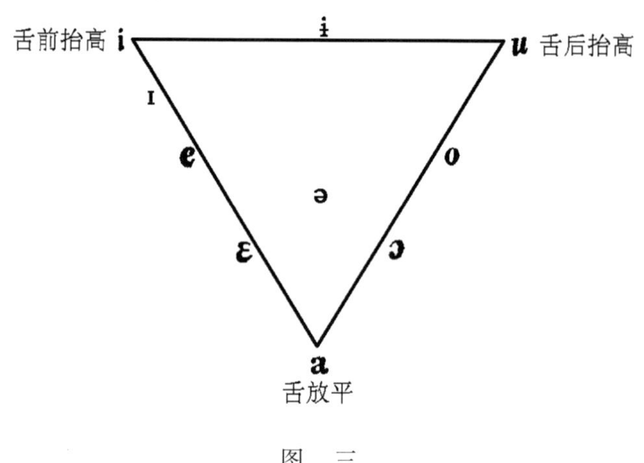

图　三

元音三角形像别的许多图解一样，大有改良余地。因此近来有些学者构想出比较复杂的图形，更完美地表示元音的发音动作。为发不同元音所需要的共鸣腔可以用三种方式进行调整：(1)舌头上下前后移动，(2)下腭上下移动，(3)嘴唇向前伸或向后拉。由此我们可以画出界线，所有元音一定都落在这里面。图四（即基准元音图或所谓元音四边形）代表舌位的四个极限位置（译者按：即舌面最高点)。1是舌头向前抬起能发出元音的最高可能位置。如果舌头再往上抬便要造成摩擦,发出辅音(见下文)。同样,8是舌头向后抬起的最高位置。4跟5是舌头最低的可能位置;但是发[a]时舌头向前伸,发[ɑ]时尽量向后缩。在舌最高(口最闭)的位置1跟8和舌最低(口最开)的位置4跟5之间,我们选半高(半闭)和半低(半开)两个中间位置,让元音之间均等地呈现大致的音响距离;于是就得到2跟7与3跟6这些点。这样就可以把[ɛ]描写为半低(半开)前元音,把[u]描写为高(闭)后元音。这是该图形对旧的元音三角形之改良,在这个框架里可以确定任何元音的舌位。然而它没有标明嘴唇怎样活动。⑥发元音时,嘴唇的活动跟舌头的移动同样重要。现在我们必须考察这些动作。

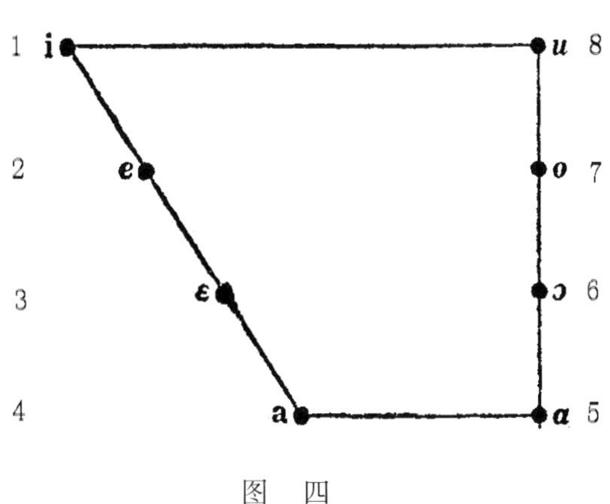

图　四

如果你发[a—i]跟[ɑ—u]两个系列的音,你可以注意到另一个事实:发第一串音的时候嘴唇渐渐往后拉;发第二串音的时候嘴唇渐渐向前伸,在发元音[u]时最圆最突出。但是如果发[a]到[i]一串音时嘴唇不向后拉,却变圆了,那样发出的声音就不同。例如试发[e]音加上圆唇,结果就是德语schön([ʃøn]俊美)里的元音;长[i]加圆唇则得到süss([zys]甜)里的元音。⑦

现在必须研究另外一种变形。口大开时可以看见咽喉后面的小舌;小舌上升,鼻腔就全给关上了。发以上所讨论的元音时,小舌举起(见图一的 U 处)、关住鼻腔,所以气流全从口腔流出。但是如果我们让小舌放松而把鼻腔打开,那就发生了另外一套陪音,给予元音一种叫作鼻音化的特性。法语 en bon point(恰到好处)一语里包含三个这种元音。第一个是[a]的鼻化音[ã],第二个是跟[ɔ]相当的[ɔ̃],第三个是跟[ɛ]相当的[ɛ̃]。现在我们能够确定并且描写现代欧洲语言里大部分元音了(见图四甲)。

以上讨论的声音,来源都是颤动的声带。这些声音叫作元音。但是人类的语言也利用别的可能。如果声带向喉头的后壁折叠,空气便没有阻碍地流入口腔;可是在口腔里,我们可以用各种方式阻碍它。例如让舌尖靠牙齿,空气可以从这样造成的窄缝里泄出。这样造成的声音叫摩擦音。这一类利用别的器官替代或者加上声带所造成的声音叫作辅音。[8]摩擦音("擦音")可以从口腔各部位发出。现在根据部位分类,从口的前部讲起。上下嘴唇可以凑近,让空气从当中挤出。这个音叫作双唇摩擦音。这个声音很少听见;[9]我们常常碰到一个稍微不同的,上齿放在下唇上,好像英语词 five

	前		央		后	
	不圆唇	圆　唇	不圆唇	圆　唇	不圆唇	圆　唇
高(闭)	i	y	ɨ	ʉ	ɯ	u
	ɪ					ʊ
半高(半闭)	e	ø			ɤ	o
			ə			
半低(半开)	ɛ	œ	ɜ		ʌ	ɔ
	æ		ɐ			
低(开)	a				ɑ	ɒ

图　四　甲

的第一个音。这是唇齿摩擦音。舌尖抵在门齿上，就听见英语词 thing 的第一个音——齿摩擦音。舌头向后面拉，可以抬得比发[i]所需要的部位还高些，舌面接近硬腭，就造成一条很窄的通路；这个部位产生的硬腭摩擦音[ç]包含在德语 Li**ch**t 和 Gi**ch**t 里。还有一个可能：舌面后部可以抬起来接近软腭（见图一），从而发出软腭摩擦音[x]——就是在威尔士语 ba**ch** 跟德语 Da**ch** 里听到的咳嗽似的摩擦音。[10]

我们现在要讲到所谓送气音（aspirate），这也应该归入摩擦辅音之内。可是这个音的摩擦发生在喉头本身；就是让两片声带关紧，只留一条小小的缝让空气流过而发出一种噪声（[h]）。这个音叫作声门摩擦音。[11]声门是声带中间空隙的名称。

发刚才讨论的这些音时，声带是不动的。但是在发这些摩擦音的时候，也可以让它们同时振动。这样发出的一套音叫作带声（习称“浊”）摩擦音，跟上一段描写的不带声（习称“清”）摩擦音对立。例如：

带声唇齿摩擦音[v]：英语 **v**ery（很），法语 **v**in（酒），德语 **W**etter（天气）。

带声齿摩擦音[ð]：英语 **th**ere（那儿）、**th**is（这），威尔士语 **dd**im（不）。

带声硬腭摩擦音[j]：英语 **y**es（是，对），德语 **j**ung（年轻），法语 b**i**en（好）。

带声软腭摩擦音[ɣ]：德语（柏林方言）Wa**g**en[vaɣən]（车），俄语 bo**g**u（上帝[与格]）。

如果不是缩小通路、阻碍气流，而是暂时把它完全堵住、再让堵住的气流扑地一下子逸出，就发出另外一套语音。这种音叫作爆破音（塞音），可以带声或不带声。它们也可以像摩擦音一样按形成阻碍的部位进行分类。双唇紧闭，再让气流逸出，就造成不带声的双唇爆破音，即英语词 pat 的第一个音。舌尖抵住齿（龈），也可以把空气堵住；结果是齿（龈）爆破音——法语 thé（茶）的第一个音。[12]硬腭爆破音可以用舌面抬起抵住硬腭造成，如 kit（成套工具）的 k [c]。软腭爆破音可以用舌根抬起抵住软腭造成，如 coo（咕咕叫）的 c[k]。[13]相应的带声爆破音有如下面各个例词中的第一个音：

带声双唇爆破音[b]：**b**at（球棒，蝙蝠）。

带声齿（龈）爆破音[d]：**d**og（狗）。

带声硬腭爆破音[ɟ]：德语 **G**icht（痛风），英语 **g**ilt（镀金的）。[14]

带声软腭爆破音[g]：英语 **g**oose（鹅），德语 **g**ut（好）。

所有这些爆破音都要在口腔里造成轻微的空气压力，再把空气放出，还有顶要紧的事是不可以有漏洞。因此发所有爆破音时，小舌必须把鼻腔的通路关住。这一点暗示另一种变化：可以把通过口腔的气流关住，让声带颤动；而此时空气可以从鼻腔流出。这样造成的音叫作鼻音。例如，双唇紧闭像发爆破音[p]一样，声带颤动，小舌放松，就造成英语 man 的第一个音——双唇鼻音[m]。同样，跟齿（龈）爆破音[t/d]相配的是否定词 not 里的齿（龈）鼻音[n]。硬腭鼻音[ɲ]是像法语 mi**gn**on（娇小）跟西班牙语 ca**ñ**ón（管子）里的另一个辅音；软腭鼻音[ŋ]是英语 si**ng**（唱）、ri**ng**（环）、

thi**ng**(物)等词的最后一个音。

还有一组摩擦音即所谓咝咇音(sibilants)要讲一下。它们发音的条件比较复杂,因此不大容易描写,也不容易定名。例如下列各词的第一个音:英语 **s**ink(沉)[s]、**z**inc(锌)[z]、**sh**ip(船)[ʃ],法语 **j**our(日子)[ʒ]。在英语里,这些音里的第一个([s])是这样造成的:舌叶的两边向齿龈抬起,在当中造成一条沟,让空气可以流出;这时候舌尖处在自然位置,或者对着下齿,舌面前部稍微向硬腭抬起。人们把它描写为不带声的舌叶齿龈摩擦音。[z]是跟[s]相配的带声摩擦音,在北方德语 See(湖,海)、Seife(肥皂)、Suppe(汤)跟法语 zéro(零)里也有这个音。念英语 sh[ʃ]时,舌尖舌叶放在齿龈后面,舌面别的部分抬起靠近硬腭;嘴唇同时伸出。可以把它描写为不带声、圆唇、硬腭-龈摩擦音。这个音的带声形式在英语里不用于词首(在法语里则可以),而见于词中(例如 leisure [ˈlɛʒə]"闲暇"、pleasure [ˈplɛʒə]"乐趣")及词末(例如从法语借来的 garage [ˈɡærɑːʒ]"汽车间")。

此外还可以给我们所能操纵的丰富的语音种类再增加一类,就是用发音器官中有弹性的部分迅速颤动发音。我们可以让嘴唇颤动,产生我们遇冷时发出的音:brr [ʙ]! 任何欧洲语言都不用这个音。但是舌尖造成的颤音非常普遍。就是这个音把苏格兰人和说南方英语的人分开了。标准英语(译者按:即南方英语)里 red 的第一个音不过是带声的摩擦音(译者按:今认为通音),标作[ɹ];但是苏格兰人却让舌尖迅速振动——用通俗的话来说,他们的 r 打滚。这是齿龈颤音(舌尖颤音)[r]。振动小舌可以发出另外一个颤音,这个音在巴黎法语(例如 rouge"胭脂")和好些德语方言(例如 Rad"轮子"、rot"红")里很常见。这是小舌颤音[ʀ]。

还有一个英语的音要讨论。这是在 leaf(叶)、leak(漏)、laugh

(笑)这些词里听到的。发音方式是用舌尖完全抵住齿龈造成闭塞,可是让空气从舌头的一边或两边逸出,所以它名叫边音。边音可以带声或不带声。英语有两种带声的边音:“亮”的和“暗”的。在上面这些(带“亮”边音的)词里,舌尖放在指定的位置上,舌面前部向硬腭抬起。而在 full(满)、field(田,地)等词里,却是舌面后部抬起(接近软腭),给这语音一种“暗”的音色。比较科学的名称是硬腭边音跟软腭边音,分别写作[l]跟[ɫ]。英语里没有不带声的边音[l̥];但是在威尔士语里这个音很常见,这是学那个语言主要的难关之一。这个音可以在 Llanelly 一类地名人名里听到,那里说英语的人常常念作[lanɛl̥li]。法语里这个音在不带声爆破音后出现,例如 cercle[sɛʀkl̥](圆)或 peuple[pœpl̥](人民)。

方式＼部位	双唇	唇齿	齿	齿龈或龈后	龈腭	硬腭	软腭	小舌	声门
鼻	m			n		ɲ	ŋ		
爆破	p b			t d		c ɟ	k g		ʔ
摩擦	ɸ β	f v	θ ð	s z ʂ ʐ	ʃ ʒ	ç (ʝ)	x ɣ		h
	(w)			ɹ		j	w		
(破擦)				(ts dz)(tʂ)	(tʃ dʒ)				
边				ɬ l			(ɫ)		
颤	(ʙ)			r				ʀ	

图 四 乙 (译补)

到现在为止，我们讨论的是孤立的音。然而，实际的语言是连续发出的一串不同的音，发音器官一定要很快地从一个位置变到另一个位置。器官要变更位置，就得经过一连串中间位置，无意之中便发出一串闪现易逝的音。这些无意之中发出来的声音叫作过渡音(glides)。Henry 这个名字的粗俗读法可以说明这一点。要念齿(龈)鼻音[n]的时候，口腔通路在门齿的地方关住了，小舌下降，让空气从鼻腔流出。但是念接下来那个[r]的时候，舌头留在原来的位置上；小舌必须抬起，关闭鼻腔通路。这正是发齿(龈)爆破音的情形；其实如果器官的合作稍慢了一点，舌头的颤动迟了一下，真会听见一个[d]——这名字被念成'Endry 了。还有一个方法可以避免这两个辅音紧挤的困难，就是在当中加一个元音——那就念成了'Enery。这两类过渡音在语言的演变里很常见。希腊语 ἀνήρ(anēr，人)的属格应该是 * ἀνρόs(anrós)，传世的书里面却作 ἀνδρόs(andrós)；而在荷马的史诗里则采取了像'Enery 那样的方式，即拼作 ἀνερόs (anerós)。与'Endry 方式同样的例子也不少。拉丁语 cinis - cineris(灰烬)变成法语的 cendre；英语的 cinder 就来自法语。英国姓 Thompson、Simpson、Hampstead 等说明又一个过渡音的发展，即 m 和 s 中间产生的[p]——像我们在拉丁语词 sumo(取)的一个语法形式 sum-p-si 里所看到的那样。拉丁语 numerus 是英语 number(数目)的来源，就像希腊语 * ἀ-μροτοs (amrotos，不死的)变成ἄμβροτοs (ambrotos)、拉丁语 camera(拱顶室)变成法语 chambre(房间)一样。而英语 chimney(烟囱)粗俗话说成 chimbley，也跟拉丁语 humilis(卑下)变成英语 humble 一样。

语言里还有一个普遍的重要现象，起源于迅速地接连发一串声音的困难。无论说什么话，大脑的运动中枢通过神经发出来的总是一组声音而不是一个个单音；所以发一个音的时候，说话的人已经注意到以后要发的音。还有一点：说话的人为了省力（这一点我们下文要讨论），总把发音动作减到最低限度。因此一个音常常受邻近的音之影响而起变化，或者是因为提早发下一个音，或者是因为维持上一个音。比方说，在拉丁语 octo（八）里，要连续发两个清爆破音。然而在意大利语里，发第二个音的部位提早形成了，所以我们有 otto 这个形式。[15] 这种现象称为同化作用。这是某种发音因素扩张到固有位置以外去。我们说 octo 的 c [k]受了后面的[t]之同化。古典拉丁语有很多这种例子；比如 ad-ferre 作 afferre（传入），ad-cedo 作 accedo（就任），sub-cedo 作 succedo（继承），ad-tango 作 attingo（达到）等。[16] 在粗俗英语中这种用例俯拾即是；比如 half-penny（半便士）说成[heɪpmi]，bread and butter（黄油涂面包）作[brɛmbʌtə]，赌咒的话 blind me 作[blaɪmɪ]。而 cupboard [kʌbəd]（碗柜）、blackguard[ˈblægɑːd]（恶棍）、raspberry[rɑːzbərɪ]（山莓）这些词的拼写跟读音的出入又是一些例子。德语 bleiben（留在）说成[blaim̩]；在 man muss das Leben eben nehmen wie es ist（人们只能随遇而安）一句里我们听到[lem̩ em̩ nem̩]；而 fünf（五）说成[fymf]。这些同化作用之中最主要的一类是所谓腭化（"yotation"或 palatalization），即辅音受到后面的前高元音影响。所以英语 creature（生物）读[kritʃə]，idiot（白痴）俗读[ɪdjət]。如果我们拿德语 Kinn（下巴）和 Ecke（边）与来源相同的英语 chin 和 edge 对比，又得到一些明显的例子。在意大利语中，原来拉丁语的 c[k]在前元音之前腭化了。所以 cera（蜡）读[tʃera]；而 casa

（房子，家）则依旧保持（拉丁语）原来的读音。从拉丁语的 diurnus（日，昼）变成意大利语的 giorno，其间的同化（di-[dj]>gi-[dʒ]）跟英语[ɪdjət]的（di-[dj]）一比就明白。同化现象是俄语的特点之一，它造成了俄语辅音的硬软之别（译者按：软音实即腭化音）。

刚才讨论的过程起源于人们有一种自然趋势：要节省劳力。然而尽管说话的人可以尽量少动发音器官，只要别人听懂就行，但却有一个因素引起的结果恰好相反。要人体的肌肉连续做相同的动作，是很难的。初学钢琴的人觉得快速弹一串和弦很困难，手腕硬得像火筷子一样。这种生理现象叫作强直痉挛。有一种利用这种发音困难跟人竞技的玩意儿叫作绕口令，例如：She sells sea-shells on the seashore（她在海滩上卖海螺）。普通说话的时候，可以设法改变一个相同的音来避免困难。这种过程叫作异化作用（dissimilation）。例如英语 marble（大理石）是从拉丁语 marmor 来的，这个词里连续两个音节都有 r 音；法语加进去一个过渡音，成为 marbre，传到英语里又把第二个 r 异化成 l。英语 chimney（烟囱）这个词里有相连的两个鼻音；把第二个鼻音异化成 l，又插入一个过渡音，就变成上文提到过的粗俗说法 chimbley。“天[庭]”这个词又是一个例子。该词原来的日耳曼语形式从哥特语 himins 看来有两个鼻音。为了避免这一点，英语（把前一个鼻音即双唇音 m 异化为唇齿音 v）说成 heaven；而德语采取“chimbley”式的出路（把后一个鼻音省去），造出 Himmel。有一种特别的异化是引起一个音素的消失。接连两个音节里有相近的音就常常发生这种现象。可以举两个英语的例子来说明。粗俗话里常常把 secretary[ˈsɛkrətrɪ]（秘书）这个词说成[ˈsɛkətrɪ]，第一个 r 音被

异化掉了；recognize [ˈrɛkəgnaɪz]（认出）常常说成[ˈrɛkənaɪz]，里边的[g]由于跟同部位的[k]靠得太近而致脱落。[17]

组成言语的一连串声音可以分成各种单位。达到说话者目的之完整的言语动作——说话的单位——是**句子**（语句）。句子有一种或升或降的特殊语调（speech melody）做标志；这种语调虽然很难分析，可是对同一语言社群的人而言，即使很细微的形式也一听就听出来。句子可以再分成一些单位叫作**词**（词的定义见下一章），词又可以分成**音节**。现在我们要给音节下一个定义。

要讨论音节必须预先讨论响度（sonority）这个现象。音的响度看振动的空气的容量而定。举例说，风琴里面的大管子发的音比小的响。由于没有两个语音的响度相同，因而可以把它们排成一个次序，一头是响度最低的不带声辅音，另外一头是元音。叶斯柏森把它们分成八等（*Lehrbuch der Phonetik*，13. 12，p. 191），如下：

(1)不带声(a)爆破音　[p，t，k]
　　　　　(b)摩擦音　[f，s，ʃ，x]
(2)带声爆破音　[b，d，g]
(3)带声摩擦音　[v，z，ʒ，ɣ]
(4)带声　(a)鼻音　[m，n，ŋ]
　　　　　b)边音　[l]
(5)带声舌尖“流音”　[r]（多种）
(6)带声闭元音　[y，u，i]
(7)带声半开元音　[ø，o，e]
(8)带声开元音　[ɔ，æ，a，ɑ]

如果我们用图解来表示 animal[ˈænɪməl](动物)这个词里各个音节的响度(看图五),响度就给了我们一个划分音节的标准。我们现在可以尝试给音节下定义了:表现响度峰点的音就是构成音节的音。所以

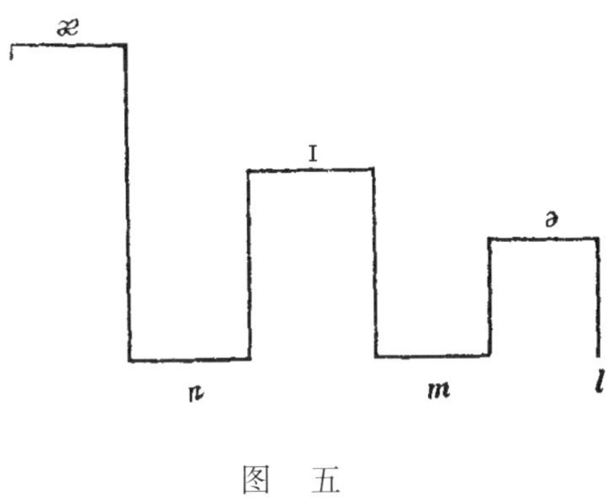

图 五

animal 有三个音节。凭这个音节定义也能说明[m,n,r,l]等所谓响音(sonant)的地位。人们觉得很奇怪:那些音有时是“成节音”,有时不是。比如 button[ˈbʌtn̩](纽,纽扣)一词听起来有两个音节。如果我们画一个图,理由就清楚了(看图六):在该词的响度曲线里,[n]代表一个峰。(对比一下 animal:那里[n]前后都是元音,其响度都比[n]的高。)因此我们可以说:一个音如果出现在响度比它低的环境里,它就构成一个音节。⑱

然而这个定义还不能完全令人满意;因为人们常常指出:德语 haben(有)和 sieben(七)这两个词往往念作[haːm̩]和[ziːm̩],其中的[m̩]虽然不是一个响度的峰,却明明构成一个音节。这种音节构成法是特别加强这个音。因此有很多专家想在“呼气强度”的基础上做

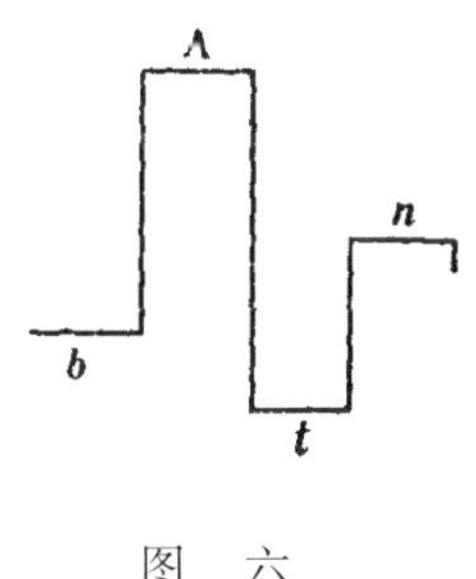

图 六

出定义。然而这也不能令人满意,因为包含好些音节的词或句可以在一次呼气里说出来。所以把定义建立在把响度跟呼气强度结合在一起的性质上要好一些。这个性质叫作“传达力”(carrying power)。很清楚,有些声音比别的用同样呼气力量发出的声音传达得远一点,这种听得见的区域之大小直接与响度成比例。但是传达力也看强度(loudness)而定;强度就是发音时呼气的力量。响度标准跟强度标准代表了两个对立的音节学说;传达力是由响度跟强度两个因素合作决定的,所以我们拿传达力做定义的基础可以抵消双方的反对和要求。因此可以说,音节是一个可闻度(audibility)的峰。

组成词跟句子的一串声音里,某些声音比别的显著。这可以用两种方式造成。我们可以大声地念;就是说,发这些音用的呼气的力量较强。这就是所谓力度重音(stress accent)。比方说,在penitent[ˈpɛnɪtənt](悔罪)这个词里,用大力凸显了第一个音节;而penitentiary[pɛnɪˈtɛnʃərɪ](罪犯教养所)这个词的重音却落在倒数第三个音节上。大多数近代欧洲语言,例如英语、德语、俄语等,里边的重音都是这种性质。另一方面,一个音或者音节比别的显著,可能是由于念的时候调子比邻近的音要高一点。古典希腊语λόγos(言,道)的第一个音节就有这种重音。古代的语法学家告诉我们:念这个音节的元音,其音程要比前后的元音高五度。还有,念长元音的时候,调子可以先升后降;这种调子就用所谓"先升后降音符"(circumflex)标出来——πολιτῶν(公民)。在欧洲的语言里,立陶宛语、瑞典语、挪威语和塞尔维亚-克罗地亚语,都有这种音高重音(pitch accent)。音高在汉语里特别重要;因为这个语言几乎全用单音节,有好些音节结构相同的字(如zhu)单靠音高区别,正像古典希腊语νόμos(法律)区别于νομós(牧地)一样。北京话有四个声调:(1)高而平(阴平);(2)从中升至高(阳平);(3)从半低降至低再转升至半高(上声);(4)从高降至低(去声)。所以“北京人要是说 zhū,意思是‘猪’;要是说 zhú,是‘竹’;要是说 zhǔ,是‘主’;要是说 zhù 就是‘住’。”[19]

到此为止,我们都是单就语音论语音,不管它是不是有意义的语言符号之成分。然而近年来,有一群以布拉格为中心的学者有意要把描写的、静态的语音学转变成功能的、动态的音系学。他们得到的积极的结果虽然不多,可是因为这种转变是今日语言学里最有趣最有前途的运动,我想简单介绍一下。布拉格音系学家研究语音的功能,把语音看作有意义的词之构成要素。语音学家把人类发音器官能发出的所有元音排成若干系列。有一个系列从[a]开始,舌头向前抬起,一直到[i]为止;这个系列可以用一条直线表现之,像光谱的颜色一样连续不断,我们不能在任何地方做自然的分割。从说话的目的来讲,这种排列是无用的。我们能分别 pat[pæt](拍)跟 pet[pɛt](宠物),只因为在元音上有听得出来的不同。我们用同样的方法分别 pet 跟 pate[peɪt](头)、pate 跟 pit[pɪt](坑)。这就是说,元音[a,ɛ,e,ɪ]是区别一些在其他方面都相同的好些词之记号。英语之所以能够听得懂,除别的条件外,全靠我们能够很清楚地分别一些元音。那就是说:英语在[a—i]之连续不断的线上划分出某些区域(见图七),并从这条语音线上选择很容易互相分别的有限的几个音,用来表示意义的不同。[20]

图　七

在 kit（一套工具）、cat（猫）、cot（小屋，小床）、coo（咕咕叫）四个词里，纯粹的描写语音学分别四种[k]（k^1、k^2、k^3、k^4），每一个[k]的阻塞的部位略有不同。然而，这些语音的不同，并不用作辨别词的记号。并没有一个意义跟[k^1ɪt]不同的[k^4ɪt]。那就是说，音质上细微的区别在和语义不相干。普通讲英语的人不觉得这些[k]之间有区别；这一点很要紧。这些区别就使用英语进行交际这一目的而言无足轻重。但是在有些语言（例如高加索的某些语言）里，这些区别在语义上是有关系的；所以讲这些语言的人能够听出英语里各种[k]的不同。琼斯（Daniel Jones）举过一个例子："有一回，一位讲乌尔米亚叙利亚语（Urmian Syriac）的人对我说，据他听起来英语 ten（十）跟 letter（字母，信）里的两个[t]大不相同。后来我才知道，在他的本地话里送气的[t]跟不送气的[t]是两个不同的音位（phoneme）；所以英语里重读跟不重读的[t]在送气多少上的差别，对我来讲很细微，对他来讲则很显著。"[21]反过来也是一样。外国人常常看不出他自己语言里所没有的那些区分。所以德国人常常感觉不到 man[æ]（人[单数]）跟 men[ɛ]（人[复数]）是不同的，so[s-]（这样）跟 though[ð-]（虽然）也有差别。

那么，音系学是描写意义上有关系的语音之系统。它给任何语言建立语音系统时，只管那些可以用来表示不同意义的语音；不管例如英语各种[k]之类的语音性区别，而认为它们是一个理想的单音之多种体现。这样一组密切关联的音叫作一个音位；一个音位里各个成员的不同完全受它的邻近之音的影响，因此没有两个成员能够在完全相同的语音环境里出现。[22]进一步说，既然语言里的音只有在它们的相互关系上才能发挥区别意义的功能，那么它们当然总是形成一个严密完整的系统。任何一部分的变动，都会影响整个系统，那也许就需要重新调整。因此，音系学家坚主一个观点：如果不参照同语义有关的音位之整体结构，我们就不能有效地研究一个语言里单个语音的历史。

附 注

① 关于语音的详细叙述，见帕杰（R. Paget）著 *Human Speech*（1930）和 G. Noël-Armfield 著 *General Phonetics*（1924）。——原注。译者按：目前中国最容易看到的外国学者编著之书如 A. Cruttenden 编《吉姆森英语语音教程》（外语教学与研究出版社［外研社］，2001）和 R. L. Trask 编《语音学和音系学词典》（语文出版社，2000）等，都可备参考。

② 空腔的共鸣音高看空腔容量跟口儿大小的关系而定。这一点可以说明：为什么男人、女人、小孩即使发音器官大小不同，也能够发出相同的元音。——原注。

③ 那个使空腔起反应的乐音叫作空腔的共鸣音高。——原注。

④ 根据前举帕杰的书（108 页）我们可以设想：声带可以调节起来发出富于某些陪音的音，用这些陪音去强化那舌头和嘴唇已准备好的共鸣器。关于 a，ɔ，u 这些元音有些争论：某些权威人士以为它们都只有一个共振峰，别的人以为它们也同别的元音一样有双重共鸣的性质。——原注。

⑤ 严格说来，包含在 mate（同伴）、soap 跟 soup 里的音是二合元音，只有它们的第一个成分和上文标注的相当。——原注。译者按：mat（地席）和 sap（树液）的元音在南方英语是介乎［ɛ］和［a］之间的［æ］；北方才是［a］。而 mate 读［meɪt］，soap 读［soʊp］，soup 读［suːp］。注意：南方英语的标准读音（RP）也一直处于变动之中。［mæt］的读音最近 30 来年有（重新）变为［mat］的趋势。在 20 世纪后期，［soʊp］的读音已经改为［səʊp］（美国读音未变）。但在本书论“现代英语”之处，我们维持了作者的标音［ou］（实际写为［oʊ］）。

⑥ 向来明确约定：图中纵向线条左侧标记不圆唇元音，右侧标记圆唇元音。——译注。

⑦ 汉语“安”，温州话读［y］，苏州话读［ø］。普通话 lü（驴）里的韵母是

[y]。——译注。

⑧ 其中特别的音[l]、[m]跟[n]，下文讨论。——原注。译者按：这几个音的所谓特别之处，在于它们是辅音中的“响音”，即它们部分地具有元音的音色。参看注⑱以及注⑱前后作者正文中的叙述。辅音的分类见图四乙。那里列举了本书讨论到的辅音，包括印欧语言的和汉语的音。

⑨ 日语ふ([ɸu]府)里的[ɸ]就是双唇摩擦音。其对应的浊音是[ß]，例如ぶん([ßun]文)。——译注。

⑩ 这个软腭摩擦音就是汉语“很”字北方发音的声母[x]，它不同于南方发音的声母[h](声门摩擦音)。——译注。

⑪ 这是耳语的基础。在耳语的时候，共鸣腔为激动的空气所加强，起了一种特殊的共鸣，像我们能够吹气通过瓶口，发出一个调子清楚的音一样。既然所有的声门摩擦音一定都跟着某种共鸣，所以有多少种元音，就有多少种[h]。——原注。

⑫ 英语 tin(锡)的第一个音部位稍后，舌尖抵住齿龈造成阻塞，专门术语是龈爆破音。——原注。译者按：同理，法语 des 的[d]是齿爆破音，英语 dog 的[d]是龈爆破音。在不必细分时可从简混称齿(龈)音。还要注意：法语 thé 里的[t]习惯发成不送气音，与英语 tea 里的[t]习惯发成的送气音不同！

⑬ 在宽式标音中一般不区分[c]和[k]，都标作[k]。——译注。

⑭ 在宽式标音中一般不区分[ɟ]和[g]，都标作[g]。——译注。

⑮ 应当说明：当一个人要连续发两个或更多的爆破音的时候(例如在 octo 中)，他并不在每个阻塞之后爆破一次，而是只在最后一个阻塞之后才爆破。例如说英语的 fact 这个词时，先在[k]的位置上形成阻塞，很快就改变成[t]的位置，然后爆破。在 a damp bed(一张潮湿的床)这样一个短语里，听不到[p]音，只是在语流中稍有停顿。就是这短暂的静默使它区别于 a damn bed(一张讨厌的床)。因此，这样一个消极的量取得了一种积极的音系学的意义。但是如果从发音上把这个静默描写为一个爆破辅音，那就荒谬了。这个静默和 p 音之间仅仅有心理上的联系：听的人认为它“代表”一个[p]音。我们说这个静默是 p 音位的一个成员(见下文)。——原注。

⑯ 语言史家通常把公元前 75 年之前的拉丁语称为早期拉丁语，把公元前 75 年至公元 175 年间的拉丁语称为古典拉丁语，把 175 年至 600 年的

拉丁语称为晚期拉丁语。在这之后还有“中古”拉丁语(600－1500年)和“现代拉丁语”或“新拉丁语”(1500年以来)。而在晚期拉丁语阶段,各地民间口语中已发展出一种“通俗拉丁语”。关于“通俗拉丁语”,参看第三章和第七章的有关材料。——译注。

⑰ 此段原文有两处不清。一是对英语词 heaven 的成因没有解释。我们在文中做了补正。二是在谈 recognize 时把 g[g]和 c[k]说颠倒了,还把两个音误称为硬腭音。今亦改正。——译注。

⑱ [m,n,l]等音的主要特点是共鸣,所以很难算作辅音。各家的意见容有不同;但是据我听来,这些音后面如果跟着元音,总有一点轻微的爆破,因此我们有理由把它们算作辅音。看看帕杰(*Human Speech*,p. 125)所观察到的东西是很有趣的。他说:单独发[l]音,连绵不断,就分辨不出是个什么音;又说:eel(鳗)、ale(啤酒)、earl(伯爵)等词的[l]“共同的特性是舌头之运动,舌头很快地从元音的位置上抬,触到硬腭之后,用同样的速度放下来,放到下一个元音的位置上。”那就是说,[l]的辅音性,只有在一串声音当中才听得出来。(对[m]跟[n]我们能不能也这样说呢?)这个性质才是“辅音性”的真正意义。——原注。

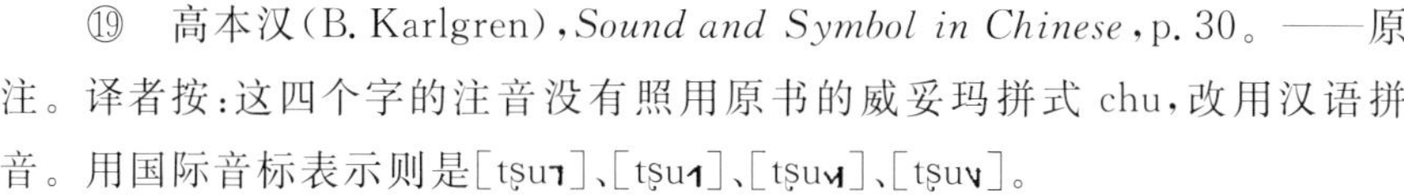

⑲ 高本汉(B. Karlgren),*Sound and Symbol in Chinese*,p. 30。——原注。译者按:这四个字的注音没有照用原书的威妥玛拼式 chu,改用汉语拼音。用国际音标表示则是[tʂu˥]、[tʂu˧˥]、[tʂu˨˩˦]、[tʂu˥˩]。

⑳ 事实上我们可以先验地说,任何语音系统一定有下面两个特点:(1)每一个音必须相当稳定,因此可以听出是和以前听到过的一样。没有这一点,就不能“认出”词来。(2)不同的音一定要能够很清楚地互相分别。——原注。

㉑ 见琼斯 *On Phonemes*,77页;又见 *Travaux du cercle linguistique de Prague*,卷四:*Réunion Phonologique Internationale Tenue a Prague*,74－79页。注意:这里涉及两件事,送气和重读。二者并无必然联系。在那种叙利亚语中送气的/t/(严式标音作[tʻ])和不送气的/t/(严式标音作[t])是两个音位。这同汉语普通话的情况一样:[tʻan](谈)～[tan](淡)。英语以 t/d [t/d]清浊相对区别音位;而英语的 t [t]通例为送气音(即[tʻ])。但是要注意:这只是英语“一家”关起门来默认的。例如:ten 读 [tʻen](宽式标音作

[ten]); letter 读 [ˈletʻə](宽式标音作[ˈletə],其中 t 默认为送气音)。而由于[ˈletə]的第二个音节[-tə]为非重读音节,故 t 倾向于弱送气或不送气。但这仅是英语的一种读音风格,并非强制性要求;所以读成[ˈletʻə]也是正当的,更不能算是错的。可惜中国学习英语的人在这里多陷入迷误,以为那种风格的[ˈletə](宽式标音如此,无法精准表明 t 常为不送气音)是和[ˈlædə](ladder 梯子)一样的情况:那个不送气的[t]=[d],"浊化"了。这是绝大的误会。同理,以为汉语词"淡"(汉语拼音写成 dan)的声母[t]是和"谈"(汉语拼音写成 tan)那个声母[tʻ]浊清相对的,又是一个"浊"辅音[d]!这也是无知之见;但很大程度上恐是受到汉语拼音字母 d 的无意诱导。汉语拼音方案之初衷是准备做直接书写汉语的(拉丁化)文字符号;它为求简便而起用了几个对汉语普通话而言是赋闲无用的字母,其中就有在其他语言里通例表示浊辅音的 b,d,g,z——它们到了汉语标准音拼写中都强制规定改为表示清辅音(这是我们这"一家"按自己需要关起门来默认的)!须知汉语拼音方案并不是汉语注音字母,更不是国际音标那样的符号;既然如此,它标注的音就不能(也不必)太准确。然而若要从语音学的高度来研究汉语,那还得使用国际音标来注音!汉语拼音、英文拼写、国际音标注音,是三个不同的体系;中国人在学习英语、学习语言学的时候,从一开始就要对此具备清醒的认识。——译注。

㉒ 琼斯说(*Travaux du cercle linguistique de Prague*,卷四,77 页):"不同的音位能够辨别词这一件事……并不是音位定义的一部分。"然而我看起来,这一件事正是音系学家最有价值、最要紧的贡献;现在我们才能够从功能的观点讨论语音的历史。——原注。译者按:琼斯理论的根据在下文——"所以我不能在英语里找到两个词,它们的不同在于 h 跟 ŋ 的替换。"赵元任在《音位标音法的多能性》(《历史语言研究所集刊》,第四本四分,363-398 页)之 381 页说:"根据我们纯逻辑的定义,我们可以说[h]跟[ŋ]是同一音位的成员,它们决不在相同的语音环境里出现,所以我们可以把 hat(帽)、behave(行为)、song(歌)、singer(歌者)写作[ŋæt]、[biˈŋeiv]、[sɔŋ]、[ˈsiŋə*],很快就学会什么时候念[h],什么时候念[ŋ]。然而,语音学家跟语言学家都不会赞同这种做法的。"这样说来,把[h]跟[ŋ]认为同一个音位、不同的音位能够辨别词这句话就没有例外。汉语普通话[xan](寒)硬要标写成[ŋan]是不算大错;但大家不会同意。而粤语[han](闲)、[ŋan](颜)如果错乱标写则绝对不行。

第三章 语音的演化

上一章探讨语音的性质跟人们发音的情形。要科学地描写任何语言的语音，这种研究是必不可少的准备。然而语言学家不能满足于单纯描写现存的语言；他还要推求它们的历史。上文提到过，所有语言都处在不断变迁的过程中。跟别的科学工作者一样，语言学家的初步工作是确定语言变迁之错综复杂的事实，然后尝试去发现事实背后的规律。

从阿尔弗烈德[①]到莎士比亚这五个世纪中，英语演变得太厉害了；外行人似乎难以置信：盎格鲁-撒克逊语是我们今天所讲的英语之直系祖先，一个语言在父子相传的几代之间性质竟会发生这么深刻的变化。底下一段盎格鲁-撒克逊语，现代的英国读者看起来是十足的外国话：

Us is riht micel,	For us it is much right
That we rodera weard,	That we the Guardian of the skies,
Wereda wuldor-cining,	The glory-King of hosts,
Wordum herigen,	With our words praise,
Modum lufien,	In our minds love.[②]

在这些演变之中拿出一个来追溯它的全部历史，会是很有教益的。在 mód 这个词里，长 o 音上面有重音符号；后来写两个 o 表示它是长音——mood（心情，语气）。后来这个长[oː]改读为

[uː],一如现代英语这样,而拼式却保持不变。这个读音演变发生在 15 世纪,并不是限于一个词的孤立现象。下列盎格鲁-撒克逊词都含有同一个元音 ó;拿现代英语里相应的词与它们一比,就显现出同样的读音变迁来了:

cól,cool(凉)	móna,moon(月亮)
stól,stool(凳子)	nón,noon(中午)
tól,tool(工具)	bróm,broom(扫帚)
tóþ,tooth(牙)	dóm,doom(厄运)
gós,goose(鹅)	glóm,gloom(阴暗)
sóna,soon(不久)	bród,brood(一窝)

现在我们得到语言学第一条原理——语音演变的规律性。人们已经观察到,每一个盎格鲁-撒克逊语的 ó 在现代英语里都变成了[u]。这个语言里发生的其他演变也可以看出有类似的规律性。例如盎格鲁-撒克逊语的 ā(=[aː])演变成现代英语的[oʊ],就可以从下列各词看出来:

āc,oak(橡树)	sāpe,soap(肥皂)
fā,foe(仇敌)	gāt,goat(山羊)
hāl,whole(全)	bāt,boat(船)
hām,home(家)	tācen,token(记号)
hālig,holy(神圣)	rād,road(路)
stān,stone(石)	hlāf,loaf(面包)
rāp,rope(绳)	āþ,oath(誓言)

这种现象并不限于英语。世界上的语言,凡是已经研究过的,其语音变迁都有规律。罗马人征服高卢之后,拉丁语成为高卢的

语言；法语是在高卢故地从拉丁语演变出来的，通俗拉丁语的长 ē 在法语里照例都变成[wa]（法语的拼写用 oi 代表）。例如：

sē，soi（他）　lēgem，loi（法）
mē，moi（我）　trēs，trois（三）
tē，toi（你）　mēnsis，mois（月[时间单位]）
rēgem，roi（王）　crēdere，croire（相信）

在现代高地德语里，[t]音照例变成破擦音[ts']，拼作 z。这一点只要把德语的词同其亲属语言英语的词放在一起就看得很清楚——英语保持着原来的[t]音：

tongue，Zunge（舌）　town（城镇），Zaun（篱围）
tide（时，潮），Zeit（时）　tile，Ziegel（瓦）
tin，Zinn（锡）　tear，Zähre（泪）
token，Zeichen（记号）　toll（通行费），Zoll（关税）
timber（木材），Zimmer（房间）　tap（塞子，龙头），Zapfen（塞子）
twenty，zwanzig（二十）　to，zu（到，介词）
ten，zehn（十）　tug，Zug（拉）
tell（告知），zählen（计数）　tinder，Zünder（火绒）
twig，Zweig（树枝）

所有这些变迁，只要是规律性的，就可以制成定律的形式。我们说，高地德语里音节开头的齿（龈）清爆破音变成齿（龈）清破擦音。这种语音变迁的形式化概括称为语音[演变]定律（sound law）。语音演变定律仅指语音在某种规定条件下、在某种特殊环境中变化的情形；如果那个音在词里出现的条件跟定律规定的不合，这条定律就不适用。所以上文所讲盎格鲁-撒克逊语 ā 变为

[oʊ]的规律一定要修改一下，好把 ā 前面有辅音[w]就变为[uː]而不变为[oʊ]的例子除外。例如盎格鲁-撒克逊词 hwā、twā、swāpen 在现代英语里是 who（谁）、two（二）、swoop（攫取），即变为[uː]而不变为[oʊ]。同样，在法语中，ē 在下一音节跟着 i 时便变为[i]而不变为[wa]，例如 feci>fis（做）；presi>pris（拿）。这些例子可不是定律的例外。关于特殊条件的规定乃是定律本身的一部分；如果表述定律时把特殊条件省去，定律就不完备、不正确——正像波义耳定律讲压力和体积的关系时如果不规定温度恒定就不完备一样。这种语音定律是不准有例外的；经过相当多的争论（见下文第七章），语音演变之有规律性好像没有怀疑的余地了。这个原理可以这样表述：若某语言里某个词的 x 音变成了 y，则**在相同条件下**出现在**当时**该语言每个词里的 x 音便都变作 y。这两处加着重点的保留很重要，我们一定要讨论一下。

由于现在还不清楚的什么理由，音变不会无限期地延续下去，而只在一定的期间内有效，并且只影响**语音定律有效期间**那个语言里包含着某个音的词。所以当我们说盎格鲁-撒克逊语 ā 一律变为[oʊ]的时候，你举出 father[ˈfɑːðə]之类的词来反对是无效的。因为在英语 ā 开始变成[oʊ]的时候，father 并不包含这个音，还念作 fădar（从盎格鲁-撒克逊语的 fædar 而来）；所以它没受到 ā 变为[ou]那个音变的影响。其实 fădar－fādar 这个例子所代表的音变发生在 13 世纪（约 1250 年），而 ā－oʊ 演变的第一阶段（ā>ɔ）大约在 1200 年时已经完成。而语音演变定律的时间性限制造成了另一类明显的例外。在现代英语 dame[deɪm]（女士）这类词里，长 ā 经过的演变跟上文讨论的完全不同。然而这并不使那条语音定律失效。盎格鲁-撒克逊语从 ā 到[ɔ]的演变在 15 世纪以前很久已经完成，不再进行。Dame 这个词来自法语，在那个时期以后才进入英语，所以不能参加那个演变。那个词后来受了开始于 15 世纪的一个新演变的影响，长 ā 前移到[ɛ]，最后到[eɪ]；这可以从来源相同的 place(地方)、cage(笼)、trace(痕迹)这些词里看到。③

我们现在要开始讨论第二条保留。语音定律不仅受时间限制，也受空间限制。不同区域的人讲话的方式不同，即他们各有自己的方言。兰开郡(兰开夏 Lancashire)的方言跟德文郡(Devonshire)的不同，这两处方言又都跟低地苏格兰语(Lowland Scotch)不同。一条语音定律只能管到一个很小的语言社群，那里的人说话基本上一致。所以每个方言都有自己特别的一套语音定律。但是词语可以从别的方言借来，而那个方言受过另一套语音定律的影响。在这种情形下，借词因为是外来的，便显得与众不同而明显违反本地的语音定律。所以英语 whole(完全)从 hāl 变来，其中 ā 的变化是常规演变。但是 hale(健全)却不符合 ā 变[oʊ]的规则；因为这个词是从北方方言传入标准英语的。从 ā 到[oʊ]的演变限于英格兰南部，北方话不受影响。事实上 hale 传入标准英语是在 15 世纪后，它参与了刚才讨论过的 dame 一类的(新)演变。像 whole 和 hale 这样的大量同源词(doublets)看来像要驳倒语音定律的原则。其实从方言的混合和互借可以对它们做出解释。④

下列各对词，虽然来源相同，进入英语的路线却不同，因此在路上受了不同的影响：shirt(衬衣)～skirt(裙)、school(学校)～shoal(鱼群)、no(无，否)～nay(否)、ship(船)～skiff(轻舟)。差不多所有的语言都有这种方言混合的例子。德语里低地读音跟高地

读音并现：Ecke（角，边）～Egge（耙）、Waffe（武器）～Wappe（纹章）、[5] Teich（池塘）～Deich（堤岸）、sanft（软）～sacht（软）等等。拉丁语中源于动词coquo（烹调）的名词有两个。一个是coquina（厨房），经过常规变化的地道的拉丁语词；另一个是popina（饮食店），借自奥斯卡-翁布里亚（Osco-Umbrian）方言群。那里用双唇音代替双唇软腭音qu，例如奥斯卡语pis＝拉丁语quis（谁）。由此可知，讨论任何词的语音史都务必要注意时空因素。

这一章到现在为止用的都是历史的方法。我们讨论了语言里一个音从最早的记录到现在的演变。这个过程的起点跟终点都是知道的。然而，当我们研究一组亲属语言却不知道它们的祖语时，工作就比较复杂了。在这种情形下，我们面对一套完全不同的事实；那要求采用一套不同的原则。如果我们假定祖语中有一个x音，在三个派生语言里有规律地分别变作a、b、c（图八）；那么当祖语已经不留痕迹的时候，可以观察到的唯一事实就是L、L′、L″三个语言里存在一套语源上有联系的词，语音相似但不相同。事实上，这一套词里的语音是完全平行的。所以这个祖语如果有pat、pot、pit三个词，在一个后代语言里P音变成V，在第二个里变成F，在第三个里变成B；祖语消亡以后，研究的人只能看到一串意义相关的词有如下的对应：

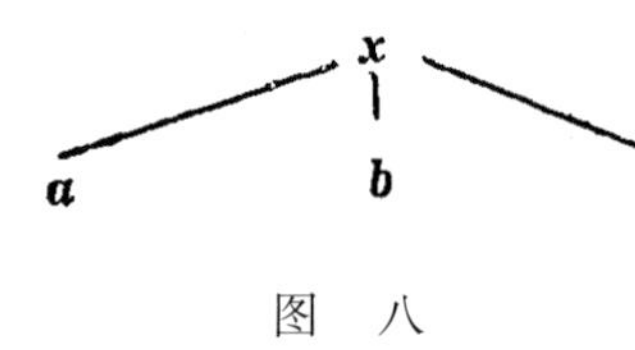

图　八

L	L′	L″
Vat	Fat	Bat
Vott	Fot	Bot
Vit	Fit	Bit

这种任意性语音符号的平行现象，和语音的绝对等同一样，不会是偶然的（并参看第一章）。关联的因素既已确定，比较这几套词就得到总结语音对应的一个公式 V∶F∶B。这种对应显然只能从这些语言的共同起源来解释。因此可以假定祖语里有 x 音，而在同样条件下出现于每个词里的这个 x 音，在 L 变成 V，在 L′变成 F，在 L″变成 B。上文提到那些词里的每个音都可以有同样的过程，那就可以得到原始词的假设性构拟 xay、xoy、xiy。但是这个构拟的祖语里的音，其真实性质一点都不能确知。如果在差异极大的语言中语音极其相似，则很可能祖语的音其实就跟这几个后代语言的音非常接近；但在上文的例子里，在派生语言里分别变成 V、F、B 的 x 音之性质是无法断言的。它可能是三个中的一个，也可能跟这三个都不同，例如 ph 或 bh 之类。在这种情形下 x 这个符号就只能表示对应点 V、F、B。它不过是一个方便的符号，表示一组语言里已知的语音平行现象。实际语言里的例子可以说明这一点。

假使我们把上文盎格鲁-撒克逊语有 ā 的一组词跟英语和现代德语比较一下，例如：

stān，stone，Stein（石头）　　hlāf，loaf，Laib（面包）

āc，oak，Eiche（橡树）　　āþ，oath，Eid（誓言）

hāl，whole，heil（全）　　hālig，holy，heilig（神圣）

hām，home，Heim（家）　　fā，foe，Feind（仇敌）

gāt，goat，Geiss（山羊）　　tācen，token，Zeichen（记号）

我们就看到，在这些例子里现代英语的[oʊ]都跟现代德语二合元音[ai]相当。由于上面讲过的理由，我们要解释这种平行现象必须涉及其共同的来源。但是光研究德语跟英语，我们不能说这个音是什么。跟别的日耳曼语言比较后，我们可以确定这个音本来是二合元音[ai]；因为有这些语音特点的词只在盎格鲁-撒克逊语中才出现单元音 ā [aː]，在姊妹语言中都不是这样。

Gothic 哥特语	Old Norse 古挪威语	Old Saxon 古撒克逊语	Anglo-Saxon 盎格鲁-撒克逊语
stains	steinn	stên	stān(石头)
	eik	êk	āc(橡树)
hails	heill	hêl	hāl(全)
haims	heimr	hêm	hām(家)
gaits	geit	gêt	gāt(山羊)
hlaifs	hleifr		hlāf(面包)
aiþs	eiðr	êth	āþ(誓言)
taikns	teikn	têkan	tācen(记号)

在罗曼语言里，我们可以在一组词里看到[k，tʃ，ts，s，θ]这些音的对应：

Logudorese 罗古多尔语	Italian 意大利语	Engadine 恩加丁语	French 法语	Spanish 西班牙语
kentu	cento	cient	cent	ciento(百)
kelu	cielo	cil	ciel	cielo(天)
kerbu	cervo	cerf	cerf	cierbo(鹿)
kera	cera	caira	cire	cera(蜡)

可是我们在这儿的运气很好；因为事实上我们对祖语(通俗拉丁语)有直接的知识，可以帮助我们控制我们的推理。我们知道上面

这些词本来有[k]音：在拉丁语里这些词是 centu(m)，caelu(m)，cervu(m)，cera。

用语音定律这个术语来指上文讨论的变化，容易引起对这些公式的性质之误解。我们必须强调说明：语音演变的“定律”，意义跟自然科学里用的不同。语音定律不能让我们预告语言的变故（像化学的定律可以预言物质的变化那样）；语音定律也不能普遍适用。例如英语的 ā 有一个时期变[oʊ]，另一个时期变[eɪ]。这些演变皆未曾预知；表示音变的“定律”不叙述因果关系，只记录已经发生的事实。换言之：它是既成演变的公式化表述，而之所以能这样表述只是因为这些变化已经有规律地发生过了。这是语言学的基本信条——如果出现一个音变，则该音在所有情况里（即在定律的规定条件下）都发生这种变化。雷斯金（A. Leskien）[6]以最不妥协的形式表述了这个原理，他宣称：“语音演变定律以盲目的必然性发挥作用。”在大家随便承认有不符合语音定律的偶发变化之时，在词源学研究落到票友的手里之时，这句话在确立语言学方法上起了有益的作用。然而这样僵硬的说法总很难维持；近年来这个“不可违反的”语音定律已经降低调子，转为对既成变化的概括了。

语音演变（变迁）的原因并不清楚。[7]虽然有好些假设提出来，却没有一个完全令人满意。第一，“语音演变”这个术语本身就有点误导。音一发出就过去了，永远没有了。所谓语音演变，其实是指随着时间的流逝某个语言社群的成员改变了词的发音；比方说 cool 这个词不念[koːl]而改念[kuːl]。这就是说，他们用一个[u]音去代替一个[o]音；所以说“语音替换”要比说“语音演变”正确一些。因此，所谓音变并非跟人类行为不相干的外界的过程，而是一群说话者习惯的变化。我们现在就要考察这种习惯变化的原因。

有些学者强调儿童学习本族语的困难。儿童模仿父母说话、模仿周围的人说话，其模仿是不完全的；种种感觉不到的细微变化经过多代的累积，结果就形成了我们在研究语言历史时所发现的重大调整。有人说：在战争和变乱的时候，父母亲不能花很多时间去注意孩子们的教育，语言就会发生很快的变化。还可以指出一点，语言就其本质而论就是声音模式的重复。这一点我们可以拿临摹图画的过程来对比。临摹图画的时候我们永远可以对着原本。语音一去不复返，我们只能全靠记忆；所以语言是摹本的摹本。记忆总是不完全的，就会导致连续不断的细微差别；这个过程被人很适当地叫作“语言漂移”。可是还没有人可靠地证明：在孩童时代语言习惯固定之后，一个人的发音还会变动；当然也有例外——某些改变住地的人为了势利或者策略会采用别的社会阶层之语言习惯。

说民族混合是语音变迁的主要原因，这个论断更加动听。历史上有好些证据：移民、战争和征服引起操不同语言人口的混合。罗马征服高卢，拉丁语就代替了凯尔特语成为高卢的语言。然而我们可以确定：被征服的凯尔特人即使采用了拉丁语，还保留他们本族语的语言习惯；事实上，他们用凯尔特语的腔调说拉丁语。据说，法语里[u]音前移变成[y]就是由于凯尔特语的影响。另一个事实——有些凯尔特语（如威尔士语）以及受凯尔特语影响的德国方言有同样的演变，[8]也使这个理论显得可信。有人就力主用同样的理由来解释印欧语辅音在日耳曼语言里发生的巨大变迁（详见附录）。其中最主要的演变是带声爆破音变成不带声爆破音，而不带声爆破音变成不带声摩擦音。把拉丁语跟日耳曼语言的词并列在一块儿来看就很清楚；例如：

拉丁语	英语	
decem	**t**en（十）	[d]>[t]
domare	**t**ame（驯）	[d]>[t]
genus（种，属）	**k**in（亲属）	[g]>[k]
genu	**k**nee（膝）	[g]>[k]
pater	**f**ather（父）	[p]>[f]

人们把这些变迁归咎于（日耳曼语部落所征服的）操史前印欧语的民族之某种语言特点。类似的变迁也出现于凯尔特语（那里的 þ 变为 h）、亚美尼亚语、拉丁语诸方言，以及西班牙语。学者们假定史前印欧语这一底层语言的影响，去解释所有这些分散在各地的现象。不过，说曾有一个语言或语音特点相似的几个语言散布在这样广大的区域，这一点看起来不大可能；并且这种说法忽略了一件事实，就是有几种夹在中间的印欧语言并没有受这些变迁的影响。[9]这些语言里那些相似的变化，也许得用各个语言自己的特殊环境去解释。无论如何，浊辅音变成清辅音这种变化第二次发生在高地德语方言时，并没有伴随任何外来民族的混合。

有人提出另外一个学说，把音变的起源和它的传播分开来考虑。主张这个学说的人指出：在一个语言社群里，没有两个人讲的话是完全一样的。因为发音器官的物质结构有所不同，每个人有每个人的嗓子，有他自己独有的发音。除此之外，人与人之间还有其他差别；这些差别与其说是体质的，不如说是心理的。那就是每一个人有每一个人爱用的字眼和措辞，构成他说话的特点。在一个语言社群里，我们还看到以阶层和职业区别为基础的差异。各种行业的人都有外行人不懂的词汇。[10]船夫讲话跟学生不同，教授跟老妈子不同。因此我们可以看到，语言统一的外表甚至在某一特定时期内也是虚幻的。一个语言社群由好些成员组成，每一个成员有他自己特殊的"方言"。[11]由于阶层的区别或者个人的能力，社群当中某些分子变成了被尊敬和羡慕的对象；羡慕他们的人就去模仿他们穿衣说话的习惯。这样一来，领头人物说话的方式甚至缺点都会变成一个标准，通过被人模仿而影响整个社群的语言。本书后面有一章说明语言的变化实际是从一个中心渐渐传播出去的，像波浪一样。

我们必须认定，上文提出的各种解释音变的理由都不过是假设而已。也许音变没有唯一的理由，我们提到的种种因素也许都在这个时候或那个时候起过作用。可是我们必须指出：我们不知道音变的原因，并不会使语音演变定律失效。我们知道，语音定律不过是对观察到的事实之概括。同样，动物学在其形态研究之基础上建立了完全可信的演化体系。可是关于变化的理由，例如对马蹄之发展的解释，却不过是假设。接受或者反对这个假设不会影响动物学的原理和结论。所以，不能发现音变的真正理由，跟语音演变定律本身的有效性是不相干的；那也不会妨碍把语音定律应用在语言事实上和拿来进行语言学的推理。

附　注

① 阿尔弗烈德(Alfred,849－899)，从871年起做西撒克逊王国的国王。他成功地抗击了丹麦人的侵略，为英国的统一奠定了基础；他对英国古代的法治和文化建设也做出了重大贡献。史称阿尔弗烈德大王(Alfred the Great)。按：其名原写为 Ælfred。——译注。

② 写成明白连贯的近代英语是：It is much right for us that we praise the Guardian of skies，the glory-king of hosts， with our words，[and] love [him] in our minds（我们十分应当用言语赞颂诸天的保卫者、万民的光荣君主，并在我们心中热爱他）。——译注。

③ 上面说过的 fādar 就受到了这一变化的影响，方言里的 feyther [feɪðə]正是这样演化出来的（ā>ε>ei）。标准发音[ɑː]则是起源于包含在类推来的属格形式 fădres 中之短元音。——原注。

④ 关于语言借贷的更详细讨论，参看第七章、第八章。——原注。

⑤ 纹章原为武士各人的标志（英语为 coat-of-arms）。故德语 Wappe 一词与“武器”之义仍然相关。——译注。

⑥ 雷斯金（August Leskien，1840－1916），德国学者（一译雷斯琴），波罗的-斯拉夫语言专家，“青年语法学派”的重要成员。其信念是：“谁如果接受可选的、偶然的、零散的变化，那他就基本上等于说自己的研究对象可以不必负责得到科学的承认。”关于这个学派的具体情况，见下章。——译注。

⑦ 由于节省劳力以及受邻近之音影响等纯语音原因而共同引起的变化，请参看上一章。这里讨论的变化是从直接的语音环境里找不出理由来的变化。——原注。

⑧ 但是我们应该注意，从[u]到[y]的演变并没有在全部凯尔特语言里都出现，并且在时间上也许并没有早到高卢语言的时代。——原注。

⑨ 格林定律曾起作用的地区可能比表面上看起来的小些，因为在上文提到的头两个变化发生之后日耳曼人才向南方和东方扩张。况且考古学也没有证实种族混合说；因为在谅必是操印欧语的独葬（single-grave）民族进入日耳曼区域以后的一千五百年中，格林定律里的变化并未发生。还有一点：如果民族混合是语言变化的有力理由，那么芬兰语（在芬兰当地，芬兰人跟瑞典人和俄国人不断地混合）和立陶宛语的保守性这么大、而比较孤立的挪威语则变化得比英语还要快，这就太奇怪了。——原注。

⑩ 参看下文第五章、第七章。——原注。

⑪ 后来有些语言学家给这种个人的特殊“方言”起了个名字叫 idiolect（idios 是希腊语词，意思是“自己”），直译就是“个人方言”或者“个人殊语”。——译注。

第四章　形式和功能的交互影响

在前几章,我们的注意力一直集中在语言的外壳上面。我们考察了语音符号各个方面的物理性质,并对音变的规律进行了探索。我们这门科学的早期历史,就是以这种研究方法为其特点的。在19世纪中叶以前,语言学一直由那些来源于自然科学和生物科学的概念支配着。语言被设想为一种有机体,就和按照自身规律生长发育的一株植物一样。然而这种观点是根本错误的,因为说什么我们也得承认语言不过是人类为了实现其特定目的而发出来的声音而已。这种声音不可能离开说话人而独立存在,而且所有那些在语言中观察到的各种变化也都应当解释成是说话人方面的变化。所以,尽管早期的语言学家做出了巨大努力,试图建立起一套和自然科学的法则一样刻板的法则来,但在众多的明显例外现象面前,他们的这种努力遭到了阻碍。在1870年前后,德国出现了一群以“青年语法学派”知名的新的语言学家,[①]他们开始批判对于语言的这种看法。他们指出:语言不仅仅是声音,而且还有意义;我们的研究方法理应更接近于心理学,而不是自然科学。在实际言语中,语音并不是孤立地出现的;它是以有节奏的组合出现的,是以和一定的思想内容(亦即意义)联结在一起的词之形式出现的。这些语言符号出现在说话人心中也并不仅仅是一堆互不相关的事实。由于人类心理中的一种固有倾向，它们常会聚合成组，其中各个成分不知道为什么总由某种联想的纽带联结在一起。在这样的语言符号组群中，关联着的各个成员在形式上往往趋于相似，而且任何会拆散这种组群并破坏它的一致性的力量都会遭到它所有成员的合力抵抗。这一现象可以通过名词和动词的屈折变化之历史来说明，因为像这一类成系列的形式可算是结合得最为紧密的语言符号组群了。例如，在早期拉丁语中，相当于“树”的那个词有如下变格形式：arbos、arbosem、arboses、arbosei 等等；概念的统一和词干的统一互相对应。可是后来，随着元音间的-s-变为-r-，这个词的变格形式便成了 arbos、arborem、arboris 等等；主格的词干和其余诸格的词干不同了。组群的统一被破坏了，但是仍然会趋向于恢复：在古典拉丁语中主格的词干是 arbor，和其余诸格的词干又一致起来了。可是这里的-r-却并不是元音间-s-转为-r-这一语音演变的正规产物。它的产生另有原因。在这里，人的心理力量发挥了作用；因为 arbos 这一形式正是基于它和 arborem 等等之间有着功能上的联系才变成 arbor 的。词义起决定性的作用，形式受功能的影响。像名词和动词之屈折变化所代表的一组紧密关联着的词形趋于一致之倾向最好叫作“整化”(integration)。可以从英语中举出几个普通的例子来说明这一点。形容词 préferable（更可取的），由于它同所由派生的动词 prefér（宁可）之间的联系，人们常常重读它的第二个音节（preférable）。同样，在粗俗英语中由动词 maintain（维持）派生的名词是 maintainance，而名词 nation（国家，民族）的形容词则变成了 naytional，后

者的第一个音节的读音仍和原来名词一个样。[②]在各语言中，整化是一股强大的创造力和维系力。例如在德语维也纳方言中它导致动词时体的屈变音（Umlaut）之消失：[③]一些标准形式像 er läuft（他跑了）和 er trägt（他穿了），已经被 er lauft 和 er tragt 所取代。

以上所举的例子都是明白易懂的，理论也简单。不可否认，一个动词的各种变化形式是紧密地联结在一起的。然而，在这个狭窄的范围以外，上述力量也是相当活跃的。因为意义上相关联的词同样也会受到联想的干扰而在形式上趋于一致。英语中表示空间幅度的抽象名词就是颇有启发意义的例子。我们看到：length（长度）、depth（深度）、breadth（宽度）、width（宽度，广度）等词构成了一个紧密交织着的功能组群，在形态上都具有词尾-th 这一明显特征。只有 height（高度）一个词，尽管在功能上属于这个组群，却是离群索居。可是在粗俗话中我们可以看到这个词居然表现为 heighth 的形式，从而成为跟它在功能上相关联的那个组群的一员；这就不足为怪了。同样，在说现代英语的人看来，反身代词 myself（我自己）、yourself（你自己）、herself（她自己）是由物主形容词和 self（自己）一词复合而成的，只有 himself（他自己）和 themselves（他们自己）是例外。而在粗俗话中 himself 和 themselves 却变成了 hisself 和 theirselves，从而和其他词取得了一致。还有，我们从形容词 low（低）派生了动词 lower（降低）。遗憾的是，形容词 high（高）没有相应的动词形式；语言纯粹派只得以 raise（提高）一词为满足。但英国的学童比照 low－lower 的模式觉得动词“higher”没有什么不好。可惜动词“higher”会和 hire（租用）一词发生读音冲突，不然的话把它加进英语之中是再好也不过了。

在通俗拉丁语中，gravis（重的）一词也是比照它的反义词 levis 的模式改成 grevis 的。必须附带指出，意义相对的词总是构成紧密的关联组群。这就可以解释来源于拉丁语词 reddere（归还）的法语词 rendre 中间何以出现了字母-n-。原因就在它的反义词是 prendre（来自拉丁语 prendere＜prehendere“拿取”）。英语中表示称谓的词也为我们提供了这方面的例证。father（父亲）、mother（母亲）、brother（兄弟）结成一组，功能（即语义）上的一致性在语音的相似上得到了反映。然而，查考一下它们在其他日耳曼语言中的对应词，就会发现原先并非如此：

德语：Vater，Mutt，Bruder

盎格鲁-撒克逊语：fæder，mōdor，brōþor

它们都分别从（原始）印欧语的 *pətér、*mātér、*bhrā́tor 演变而来。在乔叟作品中也发现 fader、moder、brother 这些词形。其实，词中辅音 d 和 þ 的区别取决于祖语中该词重音的位置。这一点如实地反映在梵语的对应词 pitár、mātár、bhrā́tar 上。根据维尔纳定律（参看附录二，198 页），这些词在日耳曼语中应变为 *fader、*mōder、*brōþar，也就是上面那些德语和盎格鲁-撒克逊语形式所显示的状况。[4] 现代标准英语已经把这些相互关联的词统一起来，给了它们一个相似的形式。但是有趣得很，在西北地区如坎伯兰郡的一些方言中至今还使用着原本的规则形式 fader、mudder、brother。[5] 数量词也经常会互相影响。在拉丁语中，septuaginta（七十）就是比照了后来作废的词 * octuaginta（八十）造出来的；这和通俗希腊语中用 hebdoēkonta（七十）表示 hebdomēkonta（第七十），另一方面用 odomēkonta（第八十）表示 ogdoēkonta（八十）的

情况如出一辙。同样，在德语的维也纳方言中，我们听到的不是elf(十一)和zwoelf(十二)，而是oelf和zwoelf。根据对印欧语并行关系的研究，我们会指望在拉丁语中发现septem(七)、* noven(九)、decem(十)这样的系列。而实际上，* noven一词由于受了组群的影响是以novem的形式出现的。又如在英语中，two-pence(两便士)和three-pence(三便士)按照正常的读音本应当分别读作[ˈtʌpəns]和[ˈθripəns]；然而后者却常常变读为[ˈθrʌpəns]。

实验表明：词的互相关联不只是由于意义方面的原因；哪怕仅仅读音相同也能产生这样的结果，偶然的语音上相似常常导致不同的词平行地演变。在各语言中，这种过程很有创造力。比照动词sink－sunk的模式而造出来的动词think的过去分词“thunk”，便是这方面的一个可笑实例。[⑥]英语的动词shrive(牧师听忏悔后赦免…的罪)是个拉丁语借词；根据正常的规则，本应当遵循动词的弱变化构成shrived这样的过去时形式。然而，由于它和drive(驱赶)、strive(努力)那一类动词在发音上的共同点，也就随着那些动词的变化方式，成为：shrive－shrove。与此相类似，德语动词scheinen(照射，发光)本来和英语的shine一样是个强变化动词；但由于它和weinen(哭泣)一类动词押韵，结果也就常常按照后者的模式以scheinte这个弱变化的过去时词形出现。照此办理，德国的儿童或许会根据tragen－trug(携带)这一模式进行类推，推出fragen(询问)的过去时词形frug来。但是在意义上与fragen紧密关联的sagen－sagte(说)这一模式却对它更有影响。[⑦]一位有名的丹麦学者还告诉过我们一个情况：他的小儿子比照stikker－stak(刺、戳)，一口认定nikker(点头示意)的过去时词形是 nak 而不是 nikkede。

对于这些关联组群的存在和它们在语言发展过程中的重要性，绝大多数学者是承认的。但是他们同时也指出产生变化的一个更起决定作用的因素：类推。类推就其本质而言是一个通用形式被一个新形式取代的现象。在平常情况下，说话不过是重复产出那些沿用前人的言语形式（当然这只是就词的形态而言）；而我们这里要关注的是说话人方面之能产的、创造性的活动。创造新形式的直接原因是说话人暂时的或永久的困惑。一个误说"throwed"的儿童，可能是他从来就没有听到过公认的形式，[⑧] 也可能只是忘记了。但语言学家所关心的是，他如何行动而创造出这个新的形式？我们必须设法确切地弄清楚在这一形式产生的过程中究竟是什么心理力量在起作用。只有弄清楚了这一点，才能对类推现象做出满意的解释。换言之，我们必须设法找到在类推形成过程中起作用的心理归类之性质。

那些很可能影响说话人选择语言符号及其形式的联想是什么呢？首先，最有影响的是说话人头脑中浮现在最上层的意念。这些意念就是他刚说过的以及将要说的话，照一般的说法，也就是语境。近来，学者们已经唤起人们注意语境在产生新类推形式之过程中所起的重要作用。在通俗拉丁语中，senatus（元老院）的属格常常以 senati 的形式出现（取代了 senatūs）。有人曾不无道理地认为，这一形式的出现是由于它经常被用在 senatus populusque Romanus（罗马元老院和人民）这一短语之中，而这个短语的正确的属格形式本应是 senatus populique Romani（罗马元老院和人民的）。[⑨] 按照同样的道理，晚期拉丁语 ille（他、她）的与格 illui（法语的 lui“他、她”即由此而来）是由于 ille 经常充当关系代词 cui[10]之先行词而形成的。

在常用短语中，两个词有时会变得彼此相似。英语中的儿童词“teeny weeny”便是一例。本来应当是“tiny wee”；可是 wee 比照它的同伴加上了尾巴-y，而 tiny 也改变了它的元音。各种语言都不乏此类押韵的组合。德语中就有 schlecht und recht 和 Angst und Bange（取代了 Beenge）等。[11]在大战期间，我们都熟知 howitzer（榴弹炮）这一名词。这个词源出德语 Haubitz，而 Haubitz 又借自捷克语 houfnice（弹弓，石弩）。在英语中它起初的形式是 howitz，后来成为今天这个样子是由于它经常和 mortar（迫击炮）一词连用的缘故。

至此，我们已能区分类推作用的三种主要类型：语境的影响、由意义引起的联想、由语音引起的联想。可是还存在着不能用其中任何一种方式来解释的情况。当一个小孩（说到多头羊而）生造出“sheeps”这一复数形式的时候，[12]他是比照了 cows（牛）、dogs（狗）、pigs（猪）这类词的模式。人的这一思维过程可以用一个数学公式即比例式来表示，例如：

dog ∶ dogs ∶ ∶ cow ∶ cows ∶ ∶ sheep ∶ x

x = sheeps

这个公式是由德国语言学家保罗（H. Paul）首创的，因而也就根据他的名字命名为“保罗比例式”。长期以来，这个公式一直是产生类推形式的经典解释。事实上，它也的确可以应用于上面的许多例子（我们解释时没有借助于这个公式）；例如：

low ∶ lower ∶ ∶ high ∶ x

x = higher

可是近年来这一公式却遭到了抨击。假如早些时候的作者们在选择范例时更加留神一点的话，这类批评大都是本来可以避免的。可是，保罗在处理通俗拉丁语中 senati 这一属格形式的时候，用下面这个比例式来解释：

animus∶animi∶∶senatus∶x

在这一比例式中，问题就出在那个"∶∶"上面。这一符号假设在比例式的两部分之间存在着密切的心理联系，这是没有道理的。批评者完全可以质问：为什么正在要说"senatus"的人头脑中会出现"animus"（神灵）这个词呢？但是，显然保罗并没有想让人从字面上来理解他这个比例式的意思。他仅仅是把 animus 当成整个第二类变格法的一个标本而已。[13] 换言之，senati 只是第二类变格法作用于第四类变格的词之一个例子罢了。[14]

我们似乎可以肯定：那些天真的、没有受过语法训练的说话人不会意识到变格的多种类型，这些变格类型纯粹是语法学的抽象。如果我们对照一下本族语说话人自然地习得母语的情况，这一点就明白了。我们（外国人）通过语法来学习拉丁语和希腊语；也就是说，语言事实是以一种有条理、有系统的方式提供给我们的。我们看到的变格形式列队成行，井然有序：对格（accusative）跟着主格，属格跟着对格，等等。我们还注意到属格以-ae，-arum，-i，-orum 等不同的形式结尾。而说本族语的人则是在他的日常生活中学会语言的；无数的短语只是在出现的时候才被他记住，既无次序，也无系统。一个罗马小孩第一次接触到相当于"战争"的词时，这个词可能是以它的属格复数形式出现的，也可能隔了很久他才听到 bellum 这个形式（主格［单数］）。有一位学者认为：这样的说话人也决不会意识到 mens**ae**, regin**arum**, domin**i**, bello**rum**, nav**ium**, judic**is**, sen**um**, senat**us** 等词在功能上是等价的。[15] 显而易见:所谓"第二类变格"这个语法分类全属人为,它不可能作为一个实体被赋予一种能够制约不同类型的词之心理力量。

近来的批评还摧毁了旧有理论的另一部分。过去认为,第二类变格的名词由于在数量上占优势而压倒并取代了第四类变格的名词。但现在有人指出:在某些情况下却出现了相反的现象,像 fagus(山毛榉)一类的名词有时也按第四类变格法变化。此外,英语和德语中的那些强变化动词,面对着在数量上占绝对优势的所谓弱变化动词,依然是那样出奇地顽固。我们对于这个现象又做何解释呢?事实上,把军事的和民主的用语拿来比况语言过程是很不恰当的。语言形式的顽固性与其说是依赖于它的"支持者"的数量,还不如说是依赖于它的使用频率。senatus 一词使用五十遍,其保存作用就会比第二类变格的五十个罕见词大得多。它印在说话人的脑子里,比那五十个词更加不易磨灭。所以,我们必须用一个新的概念——"使用密度"(density of usage)来取代"词汇文献中的出现频率"(lexicographical frequency)这个旧概念。[16]

尽管遭到了这些批评,保罗比例式对于语言学理论来说还是不可缺少的;因为许多类推现象只有通过它的帮助才能得到解释。古希腊语动词第二人称通过加-s 来和第三人称相区别,例如:

légei(他说)　　êlthe(他来了[过去时])

légei-s(你说)　　êlthe-s(你来了[过去时])

但相应的祈使式是(另样的)第三人称 ĕlthétō(他来吧)、第二人称 ĕlthé([你]来吧)。而塞浦路斯方言却出现了一个表示不定过去时祈使式第二人称单数的反常形式："[你]来吧"不是正常的 ĕlthé，而是 ĕlthétō-s。这一（强做类推的）现象只能借助比例式来解释了：

ȇlthe（他来了）：ȇlthe-s（你来了）：：ĕlthéto（他来吧）：x（你来吧）

然而比例式本身不过是个空洞的图式而已，它并不能为我们提供什么实质性的解释；除非我们能从思维的过程方面来说明它。因为，如前所述，语言的变化总是说话人方面的变化。上面的式子代表了什么样的心理活动？说话人又如何给加在第二人称单数之后的-s 音附上明确的"你"这一意义？有待弄清楚的是：说话人是否自觉或不自觉地确实像语法学家那样把词分解成若干个组成部分并赋予每个成分以意义。例如，在 give（给）、giver（给予者）、gift（礼物）这一组词里，说话人抽出了他认为是具有"给"这整个范畴之意义的不变成分"giv"。但是当他把 giver 同 buyer（买者）、doer（行为者）、killer（杀人者）等词相比时，他又意识到-er 这一成分具有"施事者"的意义。结果，即使他并不知道有 seller（卖者）这个施事名词，他也能从动词 sell（卖）把它造出来。考察一下英语中的几个现象，我们便能相当清楚地看到：许多情况下本族语者对语法分析得出的词素及其意义是心中有数的。儿童觉得 sheep 和 feet（脚）并非复数，于是就加个-s使之复数化为 sheeps 和 feets。[17]

然而这种感觉并不限于儿童。像 Chinese（中国人）和 Maltese（马耳他人）等词，由于词尾的-s 音，人们也常把它们当成复数；粗俗话的单数名词 Chinee 和 Maltee 就是由这种感觉创造出来的。同样，peas（豌豆）原本是个单数形式（如在 pease-pudding"豌豆布丁"中即是如此），而 cherry（樱桃）则是由相当于法语词 cérise 的盎格鲁-诺曼底语形式单数化之结果。[18]另一方面，尽管 riches（财富[由法语 richesse 变来])和 alms(施舍物)二词其实是单数,但现在总是跟复数动词搭配。还有一种双重复数形式,情况和儿童生造"feets"的过程类似:"Breeches"(马裤)便是这方面的实例。该词源出古英语的 broc,复数形式本来是 brec (如同 fot - fet)。[19]在现代英语中,由于它缺少一个明显的复数词尾,于是就变成了今天这个模样。另一方面,book("书",盎格鲁-撒克逊语作 boc [复数 bec]) 按说在现代英语中其正常的复数形式应该是 * beech;但它(却据单数 boc 加-s 而)有了新的复数形式 books,就像 cows(牛)、foes(敌人)、eyes(眼睛)分别把(旧的正常复数)kine、foen、eyen 从标准语中撵走的情况一样。[20]英语弱变化动词过去时的情况也可以用来说明在说话人的心目中言语成分如何带上特定的意义。我的女儿不断地生造出"lighted"、"seed"甚至"brokened"一类的新词来,[21]可见她认为词尾的[-d]是过去被动分词的标记。这就是保罗比例式的真实意义所在。它把说话人赖以认识某些言语成分及其意义的联想性分析之(自觉或不自觉的)过程符号化了。要完整地解释这个比例式,本应罗列说话人所由抽出这个意义成分的全部单词。但为了简明起见,比例式的前半只是选用那个类型的一个代表作为范例。譬如在前面那个比例式中,

ȇlthe : ȇlthe-s : : ĕlthéto : x

左半边所选例词仅仅是个代表,代表着所有那些通过加词尾-s 而使第二人称单数和第三人称区分开来的动词。

类推形式并非是语言中形式和功能相互影响的唯一产物。我们知道,没有哪一个说话人对他本族语的每一细微之处都了如指掌。人们通过内心觉得自然的某个过程,往往把一个陌生词语同

自己所熟悉的词语等同或联系起来。关于这一过程，我们可以从那些半文盲在试图使用他们并不完全懂得的字眼时所犯下的可笑词误(malapropisms)上找到例证。威尔斯的《波利先生》一书就为我们提供了实例；[22]例子即便有点夸大，但仍然很有启发意义：有一次作者去看望一个生病的朋友，一位女仆告诉他说医生们正在客厅里进行“consummation”。同一出处的例子还有“Just consecrate on this”和“ornamatic machine”。[23]上个世纪，英国水兵把战舰“Bellerophon”(“柏勒洛丰”号)和“Iphigenia”(“伊芙琴尼亚”号)这两个古典的名字改成了“Billy Ruffian”(“恶棍比利”号)和“Niffy Jane”(“臭味珍妮”号)。[24]在某个治安案件法庭上，一位见证人曾主动提供线索说他所在的街道是一个“coal sack”(“煤袋”，本意想说 cul-de-sac“死巷”)。[25]此类笑话也决不限于平民百姓。我们说过：人类有把自己不知道的东西和知道的东西等同起来的普遍倾向。以上所举者不过是这种倾向的几个例子而已。

通过这一过程而产生的词语很多已成为标准语的组成部分。有一种德国菜是发了酵的卷心菜，德语名叫 Sauerkraut(泡菜)。法国人从邻近的德语西南方言中借去，这个方言里的形式是 surkrut：可是由于它的开头部分 sur-(等于 sauer)正好和法语中卷心菜的名字 chou 同音，于是这个词在法语中就变成了 choucroute。英语中，短语“leg cutlet”从字面上看会使人联想起从腿上割下来的一小块肉。而实际上“cutlet”同切割并无联系。它和法语词 côtelette 同源，后者是从拉丁语 costa(肋肉或排骨)衍生出来的，意思是“一小块排骨”。食物词汇方面的一个有趣例子是 asparagus(芦笋)在粗俗话里变成“sparrowgrass”(‘麻雀草’)。

有一次，一个奥地利农民对我说某种蔬菜有一股“brennetanten”味(Geschmack)；他显然是把外来借词 penetrant(穿刺)同本族语词 brennend(燃烧，灼人)混淆起来了。[26] Liquorice(甘草)一词有一段有趣的历史。它由词义为“甜根”的希腊语词 glukurriza 衍生而来。罗马人采用了这个词之后，把它的开头部分同他们的本族词 liquidus(流动的)、liqueo(流动)等联系起来，从而把它改成了 liquiritia。同样，希腊语 oreichalkos(铜矿)在拉丁语中的形式是 aurichalcum；原词开头部分的 orei-(oros 山)被等同于拉丁语词 aurum(金)了。最后，我们再从英语中举一个例子来说明这一点。在操现代英语的人看来，短语“by-law”(附则)和“by-road”(支路)一类词有关联；它指的是同不带全国意义之局部事务有关的次要的规章或细则，如铁路规程、泰晤士河管理委员会章程等。然而，这个词本来的意思却是“城镇法”；by 是斯堪的纳维亚语中意为“城镇”的一个词，在诸如 whitby(惠特比)、Rugby(拉格比)等许多地名中还可以见到。[27]

以上这些例子促使我们考虑到另一种影响语言形式的混淆现象。大多数语言中都存在着大量的同义词和同义短语，它们为人们表达同一思想提供了可供选择的形式。当我们想说些什么的时候，往往有这样的情况：两个同义词同时浮上我们的脑际，似乎想争着被说出口去。于是一种有趣的、所谓“提包式”的拼合词(portmanteau word)[28]便频频产生出来；这种现象语言学家称之为感染错合(contamination)。一位校长有次就因为说起“自由之 symblems”(拼合了 symbol 和 emblem，词义同为“象征”)，把一场感人的演说毁了。我本人也有一次被人指责为“神色 dejectent”

(混合了两个表示“沮丧”的词 dejected 和 despondent)、而且还企图“evoid 问题”云云。[29]一个学生曾在他的有关罗马史的论文中写了这样一个句子:“一艘战舰被派去 harage(由 harass‘骚扰’和 ravage‘劫掠’混合而成)迦太基海岸。”我家乡曾一度流行 stread(过去时 strod)一词;显然它是 step(踩、踏)和 tread(踩、踏)两词的拼合词(blend)。同样,俚语词 mingy 看来是 stingy(吝啬、小气)和 mean(吝啬、小气)联合的结果。而美国英语词 hustle 也许是 hurry(匆忙)和 bustle(匆忙)两种因素的复合。Luncheon(午餐、午饮)也是 lunch 和 nuncheon 的感染错合:lunch 原来的意思是“一厚块”(食物),它和 lump(块、团)有关联,如同 hunch(厚块)和 hump(背部隆起物)的关系一样;而 nuncheon(午饮)的中古英语词形为 nōne-shench,意思是中午时斟出来的东西(shench 在盎格鲁-撒克逊语里是 scenc,相当于德语 schenken)。[今按:该德语词实有“(斟)满”义。][30]动词 diminish(缩减)则是英语废词 diminue(“缩小”,法语为 diminuer)和古词 minish(来自古法语 menusier,通俗拉丁语为 *minūtiāre “减少”)混合而成的。

这种现象并不仅限于单词形式。感染错合在各种语言的句法中也起相当大的作用。没有受过教育的说话人特别容易把不同的结构混淆起来,像“in the beginning part of the week”(混淆了 at the beginning“起初”和 in the first part“在开头部分”)[31]以及“he changed from one reverse to the other”[32]等便是极为常见的说法。在标准语中,这种混淆也并非完全没有。下面一句的细微之处,不仔细琢磨就很难看得出来:“The bell had scarcely rung than he appeared in the hall” (“铃一响,他就出现在大堂里”[混淆了 no sooner ... than"一…就…"和 scarcely ... when"刚…就…"])。意义相近的词的结构也经常混淆,这种混淆或许是最为频繁发生的一种。例如,"different to"("不同于")这一常见的粗俗用法(按:标准说法是 different from)很可能是受了"opposed to"(反对…)这类同义用语的影响而出现的。[33]

为了总结本章的几个主要结论,下面再提供几个例子;在这些例子中,上面所有讨论过的几种心理力量都发挥了作用。拉丁语词 iter(路)和 iecur(肝)的变格形式可以作为类推和感染错合一齐起作用的很好范例。从亲属语言的比较中,我们知道 iecur(肝)的变格曾经是 iecur - * iecinis。然而在早期拉丁语中,我们却发现了比照 fulgur : fulgoris(雷电)一类词去类推而形成的属格单数形式 iecoris。这一情况,和 femur(大腿)一词的属格形式在普劳图斯[34]的剧本中作 feminis 而在古典拉丁语中却变成了 femoris 的情况完全一样。古典拉丁语的 iecinoris(肝的[属格])可以肯定是 iecoris 和 * iecinis这两个形式感染错合的产物。同样,iter(路)的属格 itineris 也是由它的旧有形式 itinis 和它的晚近类推形式 iteris 混合而成的。不过,这个名词在晚些时候由于整化的作用产生了新的主格形式 itiner,从而又恢复了它变格的统一性。

现在我们要来看看另一些现象,这些现象属于和上述情况不大相同的种类,但是仍然必须参照功能来解释。说话人之目的是为了传递信息;换言之,他说的话必须明白易懂。我们知道:人类无论做什么事,总是越省力越好,说话也不例外。所以,在一般情况下,只要人家能听懂,说话人总是把要说的话尽可能地压缩,那些对于表达意义并非必不可少的词语就常常省去不说。这一运作过程，说话人在惰性的驱使下会在许可的范围内任其发展；直到听话人的一声“对不起，请再说一遍”把他截住为止。我们不妨说：可懂度形成语言损耗的极限。[35]

没有功能的言语成分会趋于萎缩并最后消亡。印欧语格词尾的演变史很好地说明了这一情况。印欧语曾有过至少由八个格组成的系统，单靠简单的格尾就足以表达语法关系和具体关系。例如：拉丁语 dom*um*［对格］的意思是“到屋子里”，dom*i* 则是“在屋子里”，等等。但是，语言符号总是面临不断的弱化，而说话人则不断地追求明晰和有力的表达。[36]结果，为了更精准地确定格的意义，副词性小品词（如 in、ex、ab 等）被补充了进来；然而，它们并没有同各个格紧密地结合在一起。但是后来由于一定的小品词经常和一定的格在一起使用，便使人产生了一种语感，觉得这种关系是必要的。这时候，人们才感觉到这些小品词“支配”着一定的格。[37]一度独立的副词就这样变成了**介词**。这就是古典希腊语和拉丁语最后所达到的语言状态。慢慢地，意义开始集中到一度显得多余的介词上面；而格词尾，则由于被剥夺了原有的功能而最后消亡了。语言从合成（synthetic）状态进展到了分解（analytical）状态，也就是说它从原来句法关系通过词形屈折变化来表示的语言状态演化到了由独立的小词来表达的状态。整个演化过程，可以从下例看出来：普劳图斯使用方位格的 temperi（［及］时）。而在夺格篡取了方位格功能的西塞罗时代，我们发现了 tempore。[38]到了李维时代，[39]格的力量已经弱化了，他使用的是 in tempore。现代法语使这一演化过程达到了合乎逻辑的结局：免去了格形尾，全部语法意义用一个介词表示—— à temps（＝英语 in time）。

附　注

① “青年语法学派”，又叫“新语法学派”，代表人物有勃鲁格曼(K. Brugmann)、奥斯托霍夫(H. Osthoff)、雷斯金、德尔布吕克(B. Delbrück)、保罗(H. Paul，1846－1921)等人。该派在语言(历史比较)研究中坚持语音定律的无例外性和类推作用的原则。但德尔布吕克已不走极端，他(和保罗)能较多关注形态和句法。参看岑麒祥《语言学史概要》(2008)第九章。——译注。

② 在标准英语中，maintain[meɪnˈteɪn]的名词是 maintenance[ˈmeɪntɪnəns]；而 nation[ˈneɪʃən]的形容词是 national[ˈnæʃənl̩]。——译注。

③ 日耳曼语学有Umlaut和Ablaut，易混难记。前者常指名词递变中的元音同化，后者指动词时体中的元音交替(拗“转音”)。其实不仅名词有Umlaut，动词也有。见岑麒祥《语言学史概要》(2008)，110 页。他译为变音，此实可为两类的总名。《语音学和音系学词典》译为曲音。今姑译为屈变音。——译注。

④ 1875 年丹麦语言学家维尔纳(Karl Verner，1846－1896)发现：日耳曼语的清摩擦音 f，þ，h(从古印欧语清爆破音 p，t，k 演化而来[参看 194 页])若处于两个浊音间就变为浊摩擦音(除非紧接在其前面的音节是重读音节)。在历史发展过程中，浊摩擦音[ƀ、đ、ʒ]多半已变为相应的浊爆破音[b、d、g]。这就解释了为何 *bhrā́tor 一词中后来出现的是清摩擦音[þ]、而在 *pətér 和 *mātér 两词中清摩擦音先是浊化成[ð]而后又变成[d]的现象。参看 198 页。

注意：英语(和印欧语言)古音的标写，在许多著作中往往因循 19 世纪的传统；今日读者若暂无暇深入探讨，可姑大略心知其意。例如刚才提到的日耳曼语古音 ƀ、đ。又如古英语有 þ 和 ð 两个字母，它们清浊相对，其音值应相当于国际音标 θ 和 ð。但 θ 原是希腊字母，读[tʻ]；那相当于拉丁字母 t 的希腊字母 τ 读[t](不送气！)。古英语(继承上古语言)用 þ 不用 θ。再说，在 þorn(＝thorn 棘)、wiþ(＝with 与)、þæt(＝that 那)、ðā(＝then 那时)、ðæt(那＞the [定冠词])、soð (＝truth 真)这些词形中，þ 固然像是对应于[θ]；但显然也有对应于今音之[ð](或说读为浊音[ð])的情况。还有些异体字 þa(＝then)、þœt(＝that)、þæc 或 ðæc([θætʃ]茅屋房顶)、feðer 或 feþer([feðər]羽毛)等。古英语 þ～ð 是否处处清浊对立，并不能下绝对的结论。有的学者倾向认为 þ 和 ð 可随意交互使用，至少不能将二者表面之分看得太重。见外研社的两部《英语史》：Freeborn(2000)的 24 页、Baugh & Cable(2001)的 53 页。——译注。

⑤　见斯基特（W. W. Skeat）著《英语词源学原理》（*Principles of English Etymology*），147页。——原注。

⑥　英语sink[sɪŋk]（下沉）的过去分词形式是sunk[sʌŋk]。而think[θɪŋk]（想）在标准语中的过去分词为thought[θɔːt]。又：这种通过元音交替而实现的词形变化在印欧语历史语言学文献中通称为“强变化”，与之相对的另一种变化是为“弱变化”。在某些欧洲现代语言的语法书里仍然沿用之。但今日的普通英语语法书里不使用这两个术语，而称之为“不规则”变化和“规则”变化。其实，“强变化”中本自有其规则，不过总不如“弱变化”之来得更简单而已。——译注。

⑦　标准德语中，fragen的过去时形式为fragte或frug；而因为词义的关系，基本上只用fragte。——译注。

⑧　按：throw（扔、掷）是英语强变化动词，其公认的过去时和过去分词分别为threw和thrown。——译注。

⑨　这里作者的意思是：第一个词senatus的-tus受后面两个词populique Romani的-li-和-ni之影响而变成了-ti。——译注。

⑩　标准拉丁语中cui作qui（法语继承之），相当于英语的who（关系代词），用以引导关系从句（定语从句）。——译注。

⑪　按：tiny[ˈtaɪnɪ]（极小的）、wee[wiː]（极小的）二词同义，互相影响形成teeny-weeny[ˈtiːnɪ wiːnɪ]（小小的，一点儿大的）。而“schlecht und recht”（率直无隐），原为“schlicht und recht”；前词schlicht受recht的影响而变成schlecht。至于“Angst und Bange”（忧心忡忡），原为“Angst und Beenge”；Beenge变成Bange是受了Angst的影响。——译注。

⑫　英语sheep（羊），单复数形式相同，都是sheep。这种不规则的词连操本族语的儿童也觉得困难，遑论外国人！与此相类的另一个常用词是fish（鱼）。它也是单复数同形的，但比sheep又灵活一些。说两条鱼，一般用two fish；若用two fishes也不算错误，但是觉得味道不对。注意：a book on fresh-water fishes（研究淡水鱼类的书）、a shoal of little fishes（一群小鱼），其中的fishes都指各种鱼。——译注。

⑬　赫尔曼（E. Hermann）著《音变和类推法》（*Lautgesetz und Analogie*）一书1931年版也持这一观点。——原注。

⑭ 拉丁语中根据名词的不同变格(递变)形式把名词分成四类,分别称为第一类变格、第二类变格、第三类变格、第四类变格的名词。——译注。

⑮ “属格”这个术语本身当然是指一组复杂的句法关系,既无形式的统一,也无功能的统一。——原注。译者按:这里几个词分别为 mensa(桌子)、regina(女王)、dominus(主人)、bellum(战争)、navis(船舶)、judex(法官)、senex(年长者)、senatus(元老院)等词的属格单数或复数形式。

⑯ 请注意:这一有用的区分现在已经体现于一些词汇统计著作中。在这些新著作中区分频度(frequency)和使用度(usage)。——译注。

⑰ 按:名词 sheep 单复数同形,会造成困难(前注⑫已谈及)。而 feet 本身是“强变化”(“不规则”)复数形式(无 s 尾),单数形式为 foot。——译注。

⑱ Chinese 和 Maltese 本来都是单复数形式相同的词。而 peas 现在既已当复数形式用,就生造出 pea 为单数形式了。“樱桃”的盎格鲁-诺曼底语词形是 cherise(单数),也因为词尾有-s 音而被看成复数形式;据此而错误认定单数形式为 cherry,又重新按一般规则推出复数为 cherries。——译注。

⑲ 按:古英语 broc~brec 和 fot~fet(现代 foot~feet)类似。但复数 brec 到现代成为 breech 而被看作单数,遂又误造出复数 breeches 来配对(义为“枪炮的后膛”)。而做“马裤”解的复数 breeches 没有单数形式。——译注。

⑳ 按:kine、foen、eyen 分别为 cow、foe、eye 的旧有复数形式,以后受名词弱变化(即“规则的”变化)之影响而取 cows、foes、eyes 的形式。——译注。

㉑ 按:light(点燃)的过去时和过去分词通常为 lit。而 see(看见)的过去时和过去分词分别为 saw,seen。又 broken 是 break(打破)的过去分词。——译注。

㉒ 威尔斯(H. G. Wells,1866-1946),英国小说家、历史学家和社会学家。《波利先生》(*Mr. Polly*)为其所写小说之一。——译注。

㉓ 女仆想说 consultation[ˌkɔnsəlˈteɪʃən](会诊),误说成 consummation [ˌkɔnsʌˈmeɪʃən](完成)。动词 consecrate[ˈkɔnsɪkreɪt](供奉、献祭)为 concentrate [ˈkɔnsentreɪt](集中)之误。而“ornamatic”[ˌɔːnəˈmætɪk] 则为 automatic [ˌɔːtəˈmætɪk](自动的)之误字;但也或者只由于发音不正而造成。——译注。

㉔ 柏勒洛丰(Bellerophon[bəˈlerəfən]),希腊神话中射死喷火怪物喀迈拉(Chimæra)的英雄。伊芙琴尼亚(Iphigenia[ɪˌfɪdʒɪˈnɑɪə]),希腊神话中迈锡

尼国王阿伽门农（Agamemnon）的女儿。Billy Ruffian[ˈbɪlɪˈrʌfjən]和 Bellerophon 读音近似；Niffy Jane[ˈnɪfɪˈdʒeɪn]和 Iphigenia 读音近似。——译注。

㉕ Coal sack[ˈkəul sæk]和 cul-de-sac[ˈkuldəˈsæk]读音近似。——译注。

㉖ 按：asparagus[əsˈpærəgəs]（芦笋）源出拉丁语。英语曾作 sparagus 和 sparagras；先有音变，后受流俗词源影响而讹为 sparrowgrass[ˈspærəuˈgrɑːs]。至于“brennetanten”，则系由德语词 penetrant 和 brennend 错误混合而成。根据这两个词的词义来推测，它可能是“辛辣”的意思。——译注。

㉗ 这里再补充几个例子。我在年轻的时候，每每为盖・福克斯节的“bombfire”（炸弹火）所激动。当然，bonfire（篝火）一词原来是指焚烧尸体的“bone-fire”（骨火）。原先，我一直以为马路上铺的东西是“ash-falt”；以后在接受了古典教育的启蒙时才恍然大悟：原来 asphalt 是个希腊语词，大致的意思是“不打滑”！还有，奥地利人的“Kochsalat”是不是同类的（由误解而成的）例子呢？这个词或许就能解释为什么他们在维也纳做起 Cos 莴苣这个菜来。——原注。

译者按：1605 年 11 月 5 日，英国天主教徒图谋在英王詹姆士一世召集全体国会议员开会时把他们全部炸死。盖・福克斯（Guy Fawkes）是这一阴谋的主要人物，后事泄被杀。此后，英国形成一个风俗：在每年十一月五日夜晚燃起篝火并焚烧他的肖像；是为“盖・福克斯节”或“篝火之夜”。英语中表示“篝火”的词是 bonfire[ˈbɔnˈfɑɪə]。作者年幼无知，以为这个词是 bomb-fire [ˈbɔm ˈfɑɪə]。马路上铺的沥青是 asphalt[ˈæsfælt]。而 ash-falt[ˈæʃfælt]（?）词义不明，但总和 ash（灰）有关。作者年轻时把 asphalt 误认为 ash-falt，是因为沥青和灰（ash）有相似之处。至于 falt 在英语里本来没有意义，他也不管了。Kochsalat，菜名，即“煮莴苣”。维也纳人把 koch 读成 cos，以致 Kochsalat 成了 Cossalat。德语 salat，是“莴苣”的意思。

㉘ 按：portmanteau 是一种两半边合拢而成的手提包（箱）。术语 portmanteau word 是个比况说法。作者倾向于将这种构词法看成消极的现象。其实，即使 luncheon（午餐、午饮）果如作者所言是感染错合词，现在流行的 brunch（= breakfast + lunch 介于早餐和午餐之间的、早午餐合一的一顿饭）、motel（= motor + hotel 汽车旅店）之类却是当代人的匆忙生活常要依靠的；而这些词是有意利用积极手段所创造。还有 heliport（= helicopter + airport

直升机场)等也颇简便实用。商界有人喜欢利用这种手段哗众取宠招揽顾客;但所生造的词也许是昙花一现而已。现在 portmanteau word 的常用同义术语是 blend(拼合词)。拼合法是 blending。参见 R. L. Trask《历史语言学》(外研社 2000 年版)第二章。——译注。

㉙ 按:谅必是'evoid' = evade + avoid。二词同义:"回避"。——译注。

㉚ 动词'stread'应是 step + tread 的拼合;再仿照 tread - trod 而生造出 stread - strod 的对应。至于 luncheon(午餐,午饮),《牛津英语词源辞典》说 lunch(eon)的长词形是仿照 punch(eon)等而来,未言它与 nuncheon 有关;而 nuncheon(午饮)中-cheon [<sćenć(an)]是"给饮"(按:即斟满)。——译注。

㉛ At the beginning 和 in the first part 同义,但二者搭配关系不同:the beginning 必须和 at 搭配,the first part 必须和 in 搭配。因此,可以说 at the beginning of the week,也可说 in the first part of the week;但不可说 in the beginning part of the week。——译注。

㉜ 从字面看,说话人是想说"from one side to the other";由于 reverse 的词义是 the other side,他就把它当 side 用了。——译注。

㉝ 这是一种完全自然的、实际上也是相当普遍的现象。我们必须不遗余力地反对"averse from"这种学究式的复活。——原注。译者按:averse(反对的)一词原来后面得跟 from,后来受了同义短语 opposed to 的影响,后面也跟 to 了。但也仍有跟 from 的,作者认为这是一种学究式的复活。

㉞ 普劳图斯(Titus Maccius Plautus),罗马喜剧作家,公元前 254(?) - 184 年在世。遗作尚存喜剧 21 部,是经过改造的演出本而非原本。——译注。

㉟ 参见下文 100 页、106 页(对损耗及其极限的论述)。——原注。

㊱ 参见下文 97 页(对人们追求修辞效果的论述)。——原注。译者按:又可看 100 页。至于语言符号的弱化问题,可参看 99 - 100 页。

㊲ 见梅耶、房德里耶斯(Meillet, A. et Vendryez, J. 合著), *Introduction à l'étude comparative des langues classiques*, 496 页。——原注。

㊳ 西塞罗(Marcus Tullius Cicero,前 106 - 43),罗马政治家、演说家。[不妨比较其 tempore 和"(学而)时(习之)"来理解夺格/方位格。]——译注。

㊴ 李维(Titus Livius,英语简作 Livy),罗马历史学家,公元前 64 年或 59 年 - 公元 17 年在世。曾撰罗马史 142 卷。可惜大部分亡佚。——译注。

第五章　意义和意义的变迁

现在我们要来注意语言变化的另一个方面。我们已经知道：语言符号的作用在于传达意义；而这一点之所以可能做到，是因为人们把某些语音模式和某些思维内容（称为这些语音模式的意义）任意配合的结果。前面几章涉及的主要是语言符号的外部形式及其转换的条件与规律。虽然也讨论到意义对形式的影响，但是我们曾经假设形式－功能关系是保持不变的。然而，稍微浏览一下莎士比亚和乔叟的作品就会明白：这种假设是人为的，尽管从科学分析的需要来说有理由这么做。自从那些作家写作以来英语语音发生过各种变化（但是这些在很大程度上被传统拼写形式掩盖了）。他们所用的词许多已经废弃不用；而许多留存下来的词意义也已经有了很大的改变。我们必须借助一种专门的语词汇释方能读懂那些作品。例如：

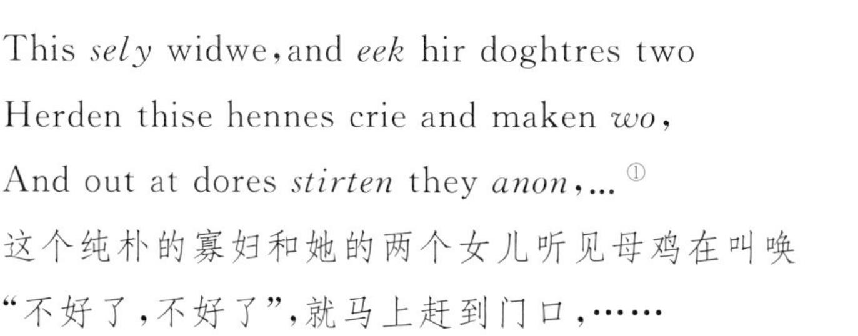

This *sely* widwe, and *eek* hir doghtres two
Herden thise hennes crie and maken *wo*,
And out at dores *stirten* they *anon*, ...[1]
这个纯朴的寡妇和她的两个女儿听见母鸡在叫唤
“不好了，不好了”，就马上赶到门口，……

（乔叟：《尼姑的教士之故事》）

O! *train* me not, sweet mermaid, with thy note,
To drown me in thy sister flood of tears.
你婉妙的清音就像鲛人的仙乐，莫让我在你姊姊
的泪涛里沉溺。

（莎士比亚：《错误的喜剧》，第三幕第二场。朱生豪译文）

这里"train"意为"引诱，诱惑"。我们可以从一位更近的作者引证另一个例子。约翰逊博士在评论弥尔顿的《莱西达斯》(*Lycidas*)的时候说，此诗"easy, vulgar and therefore disgusting"(平易、通俗，因而乏味)。现代的读者假如不知道在约翰逊的时代 vulgar 只是"通俗"之义，disgusting 也不过是"格调不高"，就会认为评语苛求过甚，而提出异议。[②] 因而，我们的研究工作分为两步。首先我们要努力发现词的意义演变是出于什么原因，其次要查明为什么一些词消失了。

在探讨这个问题之前，首先有必要对词下一个定义。这个论题曾经使那些有哲学心思的语言学家们颇感为难。从一方面说来，一个词是某一种语音模式。例如，当我们进入一个陌生的国家(我们不懂该国的语言)的时候，虽然起初充斥耳际的尽是一连串莫名其妙的声音，但是慢慢地我们就会找出那些经常重复出现的音组，像下面几句德国话中的"Tisch"：Der Herr der beim *Tisch* sitzt(坐在桌子旁边的先生)；wir brauchen einen kleinen, runde *Tisch*(我们需要一张小圆桌)；dieser *Tisch* ist ein bisschen zu niedrig(这张桌子太矮了点)；等等。这种经常重复出现的语音模式就是我们所说的词。但是这个定义还是太宽泛；因为像 Good morning.(早上好!)How do you do?(你好吗?)Well,I never.(嘿,没听说过!/嘿!真没想到!)等等短句,还有像kindness(仁慈)、hardness(艰苦)、goodness(好心)等词中的构词成分-ness,也都是经常重复出现的音组。因而,我们的定义必须收紧,一方面要排除短语,另一方面要排除构词成分如前缀、后缀等等。其实我们可以说,词是能够起一个完整话句作用的最小的言语单位(即经常重复出现的语音模式)。例如,我们会听到像下面的对话:“你买了什么?”——“苹果。”“苹果”是一个独立出现在话语中的再也无法缩减的言语单位,这一事实就使它成为一个词。乍看起来这个定义似乎有点过于狭窄;因为,虽然我们能随便想出由名词、动词、形容词、副词所构成的独词句,但是这个定义却似乎排除了那些表达句法关系的不带色彩的词,如on,with,to,by等介词。然而,即使介词也可以用于这种独词句型。试举例以明之。我们可以设想像下面的对话:Where did you put my shoes?(你把我的鞋放在哪儿啦?)In the wardrobe.(放在衣柜里头。)[过了片刻]Did you say *in* or *on* the wardrobe?(你刚才说放在衣柜里头还是放在衣柜上面?)[答]In(里头)。既然这里的in构成一个完整的话句,它就符合我们关于词的定义。反之,言语中的构词成分如-ness(英语抽象名词后缀)、-ly(英语副词后缀)、-heit(德语抽象名词后缀)、-ment(法语副词后缀),在言语中决不能这样使用;而短语则能分析为更小的独立单位。

在探讨词的意义怎样演变、又为什么会演变这些问题之前,有必要研究一下词的意义究竟是什么。我们在前面(第一章)看到:一个记号或符号是激发和唤起感知者头脑中某种思维过程的经验

要素。例如,如果一想到甲物就会引起对乙物的联想,我们就说甲物是乙物的记号。[3]我们说,甲物指的是它的"所指(对象)"乙物。不过这种指称(reference)只能理解为一个有理解能力的人头脑中的一个思维过程。因而,在使用符号进行任何指称活动时,我们必须区别至少三个因素:物质符号(词、旗子等);指称所及的客观事物、性质或事件;感知物质符号和所指对象(referent)以及把二者互相联系起来的人脑。例如 crock[4] 这个词可以指称"我的自行车"这个实物,但这不是这个词的意义。实际的意义是某人对我的自行车之主观理解;这是一种心理内容,它不仅包括对这个外部世界实物的注意,而且包括对它的某种感情态度、某种估价。用斯特恩的术语来说:这个词表示(指的是)所指对象(自行车);然而构成这个词的意义的,是它所表达的心理内容以及期望在听话人心中唤起的这种心理内容。这样,我们就可以把语义变迁分为两大类。一类是词和所指对象之间关系的变化(即词用以表示某一新的指称),另一类是词表示同一所指对象的另一个方面。我们现在要考察可能发生这两种变化的条件。

一个说话人在面临着使听话人对某一指称产生注意的任务时,当然可以临时生造一个全新的词(例如 campylognathus)。这种加进他的语言之词汇中的东西不会牵连到任何语义变化,因而不在本章讨论的范围之内。另外,说话人也可以把先前曾经表示另一所指对象的一个词应用到这个所指对象来;这就是说,他在另一个意义上使用这个词。词和所指对象之间关系的这种改变可不能任意制造。如果我说"驴子"而指的是"乌龟",听话人就会莫名其妙。

由此我们再一次看到：语言工具的发展受着它所要发挥的功能之引导和限制。说话人想要传达新的事实、新的思想和新的经验，可以主动地、创造性地使用自己的语言。但是他的所有发明和改造得通过检验证明为可以理解、被听话人认可才行。只有那些能发挥这种功能的表达法可望得到一般人的承认，而成为语言的组成部分。所以，像大多数语言现象一样，语义变化只有结合活的言语交际活动才能得到充分的理解。我们在进入下文时要牢记这些一般原则。

言语的所有语音模式都具有唤起听话人某种反应的力量，而这就是构成那些语音模式之意义的东西。但是我们能够说“glass”这个词之唯一的或总的意义是什么吗？我们可能对着一面 glass（镜子）梳头；我们可能在酒馆喝上一 glass（杯）；我们可能敲敲 glass（窗玻璃），看是否带上雨衣稳当些。在每一种情况下，glass 这个词都有不同的意义。同样地，“engagement”这个词字面上的意思是“使某人做出保证”，但是在不同的语境里它具有各种特殊意义，如下面各例所示：Their *engagement* will be announced（他们即将宣告订婚）；Sorry，I have another *engagement*（对不起，我另有约会）；His *engagement* will be terminated at the end of the quarter（他的聘约将在本季度之末终结）。浏览一下《牛津词典》就会看到，这种多义性是我们语言中几乎每个词都有的特性。事实上，词不是像数学符号那样严格限于一个固定的、明确的意义。说真的，言语不外是一连串粗略的暗示。听话人必须经过一番破解才能悟及说话人想传达的意义。例如，glass 这个词就是意义较为宽泛的一种暗示，它在所处的一定语境中意义才变得狭窄

起来。语境或上下文之所以重要，不仅因为它的作用在于决定一个词在某种情景下所要表达的意义；而且在（各语言的词汇都要经受的）语义变迁中，它是最有力的因素之一。

首先要看到：在固定的语境中的连续性习惯使用，会把一个较为广义的词之意义仅仅限制在其中一个方面上。在进一步论述之前，有必要讨论这个“方面”问题。大多数实物、性质和事件都是复杂的；就是说，它们由可分的部分组成一个整体，这些部分之中有些与说话人之目的相关，有些无关。因此，人们自会把注意力集中在那些（此刻是）重要的部分上，而忽略其余的部分。斯特恩引用过“horn”这个例子。在词组“a horn spoon”（角匙）中，是 horn（角）的质料方面起着支配作用。而当一个音乐家说到 horn（号）指的是一种铜管乐器的时候，却是功能把其他特性都排斥掉了。这个词的意义之所以能够从动物的角（作为乐器使用的号角）发展到金属乐器，不过是由于这种选择性注意力作用于功能；因为把 horn 这个词的应用范围扩大到另一种乐器，是依靠功能的相似性（参见下文关于比喻的论述）。

至于哪个方面被认为是重要方面，则因说话人的主导兴趣所在而异。例如 glass 对一个海员、一个酒店老板或一个女演员来说会指不同的东西。而 play 这个词（按：有“演奏”、“赌博”、“比赛”、“剧本，戏”等意义）对音乐家、赌徒、足球运动员和演员就会引起不同的联想。这就是说，通常的意义，即人们在单独听到这个词时浮现于脑海的意义，在每一种情况下都会是不同的。当然在不同的语境中，所有说这种语言的人都能悟出说话人所欲表达的意义；但是最重要的是区别一个词的通常的意义和偶然的意义，后者依说话人的主导兴趣所在因人而异。正是在这些专门的环境中,词被限制在一种特殊的意义上。

如果一个农民说他的“birds”现在“lay well”(下蛋多),我们不假思索就知道这些“birds”(鸟)是指他的“fowls”(鸡)。这种类型的变化是极其频繁的。上述 fowl 一词本身从前曾经指任何种类的鸟(bird),例如《圣经》上的短语“the fowls of the air”(空中的鸟)。德语中相应的词 Vogel 还保留着这个词的本义。与此相仿,现代希腊语的 ornis 一词意思是“鸡”(本义为“鸟”)。而在法语中,拉丁语的 avica(鸟)却变成了 oie(鹅)。这样,拉丁语中原来许多广义的词到了法语就变成限用于农场上的专业操作。例如从拉丁语词 ponere(放、放下)来的 pondre 现在只有“下蛋”的意思;从 trahere(抽,拉)来的 traire 意思是“挤牛奶”;而源出 cubare(躺)的 couver 意思是“伏窝,孵”,正如在英语中我们说“The hens are sitting”(母鸡正在“坐窝”)。这种意义局限只能从同一行业的人们之间的特殊关系来理解。斯特恩在其著作的 305 页上说:“理解每一个单词,其基础不仅在于那个词本身,而且在于一大堆语境:伴随情况、情景、对当前的话题以及说话人的习惯和观点之了解,等等。”就各行各业的专门语言而论,同行的说话人和听话人之间有一种较为密切的接触。他们有共同关注的事物和思想习惯;比起操不同行业的人之间的交谈来说,同行的人对所指对象的释义更为明确,理解也更为亲切。因而,传达说话人意图所需要的语言暗示不必太明确。这就是为什么一个农民可以笼统地说他的“birds”好、“lay”得多。在限定的语境中,每一个这样的词都足以传达毫不含糊的意义。就这样,广义的词在应用中变成了狭义的词。

然而，词语也能够从专门语言进入普通语言，即社群所有成员每天共同使用的语言。我们不必去当海员，也能知道“half seas over”做何解释（即“半醉”）；多数人也在不了解园艺工作的情况下就懂得了“a hot-bed of vice”（罪恶的温床）的意思。[⑤]但是一种职业对语言社群产生影响的最突出例子也许是早期基督教的词汇了，它在一大堆早先是广义的词上留下了特别的印记：redemptio（[原意]买回；[新意]赎罪，靠耶稣得救）、salvatio（[原意]救；[新意]救世）、conventus（[原意]集合，召集；[新意]宗教上的秘密集会）、saeculum（[原意]世代、年代；[新意]世俗）这几个拉丁语词就足以说明问题。这种意义专门化的有趣例子也可见于像spice（香料）这样的英语词，该词其实来自拉丁语的species（形式，外貌，种类）。罗马的律师们在希腊哲学关于形式和物质的概念之影响下（希腊语eidos“形式”和hylë“物质”，译成拉丁语是species和materia），认为酒是从葡萄这种物质（materia）里得来的“形式”（species）。由此发展出“产品”的概念。有人认为，这种意义变迁是从海关官员的语言中发展起来的；这似乎不无道理。正是从该词的这一意义，发展出了“食品杂货店”的法语和德语之称épicerie和Spezerei-warenhandlung。由此出发，spice的意义在现代英语中又进而限于指“香料”，而在约克郡方言中则常常指“糖果”。

与意义的变狭相对，有些词的意义扩大了。这一点同样能从专门语言和普通语言的关系得到理解。工匠们需要各式各样的术语来表明一些对他来说是重要的细微区别。木匠对各种锯子有不同的叫法，而门外汉对这一类工具用一个词就够了。据说阿拉伯人关于骆驼有四千多个词。为了具体详细而辨析毫厘，结果造成名目繁多；这是许多原始语言的一个特点，这些语言关心实际生活中的细节多于考虑分类问题。[6]然而随着文明的进展，出现了分工，人们分成了行家和门外汉。对于门外汉来说，他和技术性的细节毫不相干，他甚至根本就不知道那些细节。杜查(A. Dauzat)就指出过，在法国的一些地区，“bélier”(公羊)这个名词只见于牧羊人和畜牧业者的语言；鞋匠并不懂得这个词，他把它和“mouton”(绵羊)混淆起来了。[7]这样，一类事物的某个成员的名字会被用作整个类的名字。在法语中，panier(篮子，筐)一词源出拉丁语 panarium，本义为面包篮子(panis 是拉丁语“面包”)。英语的 butcher(屠夫)源出法语 boucher(屠夫)，但是 boucher 原本只卖山羊肉(bouc)。[8]英语词 broker 现在指任何买卖的中间人，从前却指用铁叉(broche)给桶打眼的人(broach：打孔取液)。法语的 trouver(发现，找到)源出拉丁语 tropare，原来的专门意义是“把一个宗教乐曲加以变化”；由此引申，经过“即兴”、“发明”这些中间环节而得到现代的这个意义(“发现”)。[9]

同样，农业把一大批原来只用于其专门作业的词输送到普通语言中。罗马的农民把从某一定量谷物中磨出的一定量的粉叫作他的 emolumentum(源出 molo“磨”)。以后，这个词就用来指任何一种赢利或薪水。与此相仿，英语 salary(薪水)一词源出拉丁语 salarium，本义是用来进行少量支付的一定量的盐(sal，英语为 salt)。一个“牲畜满栏”的农民称为 locu-ples(拉丁语‘栏－满’)。这个词后来指任何富人，不问他的财富是什么东西。同样，pecunia(拉丁语“钱”)是一个集体名词，本来是指牛群或畜群(pecus)。英语中也有与此类似的发展：英语 fee(报酬，收费)与德语 Vieh 同源，后者至今仍然指“动物，牲畜”。这和 cattle 的发展形成对照。英语 cattle（牛，牲口）通过法语得自拉丁语 capitale，该词在晚期拉丁语中表示一般意义的“财产，资本”；[10] 在“goods and *chattels* ”（动产）一语中这个词的异体还保存着旧的意义。希腊语中也有相同的意义演变：ktēnos（拥有物，牲畜）就与 ktaomai（拥有）来自同一词根。农场主的妻子给她的奴仆们一批分量很重的羊毛，让他们去纺线和编织，她把这说成是他们的 pensum（这个词的同根动词 pendo 意为“称重量”）。正是从这里，发展出一般的意义“任务”。在拉丁语中把还没有驯服的动物叫作 rudis（野畜）。驯养的过程用由此派生出来的一个动词 erudire（‘去野性’，驯化）来表示，这个词后来就取得了“训导、教”的一般意义。由此派生的英语形容词 erudite 只限于表示“博雅，学识渊博”这个意思。

但是也许意义扩展的最丰富的源泉是词的比喻（隐喻）性应用，好比我们说山的“脚”、公司的“头儿”。这种方式的频繁使用，会使一个词失去它的狭窄的本义，以至它的词源差不多被遗忘。所以，我们现在读书看报可以碰到这样的说法：在俄国，许多船上配备船员（to man）用的是妇女。[11] 英国的汽船定期起航（sail，本义为“扬帆”）。有相似来源的词是 equip。它来自法语 esquiper，本义为“放进船里”。后来它指“做好旅行准备”，这种意义的扩展就是由比喻性应用引起的。与此相仿，希腊人曾经用过 boukoleisthai（放牧）一词，从字面上说是“放牛”。但是后来却能说“hippous boukoleisthai”（牧马），照字面是“用放牛娃放马（hippous）”。正如在英语中我们说“shepherd”（照料，引领马、牛或人）一样。[12] 这种倾向的另一个例子是法语的 joncher，其本义为“在路上撒满灯芯草(jonc)”;但是现在这个动词表示一般意义的“撒满”,所以我们能说 joncher de fleurs/d’herbe(撒满花/草)等等。再如古法语词 habiller 做“准备”解,其意义因职业(屠夫、园丁或者裁缝)而异;但是它常用来指为骑士投入战斗做准备。正是从这个惯用法中,发展出了现代用法“穿衣,打扮”。现在且来更详细地考察一下比喻现象,这会是很有收获的。

我们已经说过:语言是一连串的暗示,听话人得从这些暗示中构拟出说话人所要表示的意图。这些暗示或显或隐,各不相同。人们听到一个东西老是直来直去地那么一个说法,就会感到厌倦;而那种需要听话人费力去想象或思考的引喻性(allusive)说法,则往往使他感到兴奋。为了做到这一点,在使用象征性语言的时候须求助于类比或类推能力(这也许是人脑之最显著的禀赋),即在不相似的实物或情景之中看到相似的性质或关系的能力。这一点构成了所谓比喻的心理基础。如果我把一个人称为“a whale of a cricketer”(了不起的板球运动员)的话,那么在 whale(鲸)所具有的特点之中,语境能使说话人把他的注意力集中在适合某一特殊情景的某一特点上。

至此为止,我们所谈论的对比喻之理解,是一个选择性注意(事物某个“方面”)的过程,和上面讨论过的类似。[13] 但是,在说话人创造比喻的时候,出现一个大为不同的心理问题。

如果我想表达一种“肮脏”的性质,这种性质过去已经成为某种心理内容(它可以是“猪”或“扫烟囱的人”之类很不相同的东西)之一部分。结果,我们一想到“肮脏”,就联想到“肮脏”已经成为其组成部分(属性)的这些不同的整体。一个比喻之所以具有特别效果，就是由于在字面意义和象征意义之间存在着一种紧张状态。如果听话人听懂了一个比喻说法，他就是正确地解释了语言暗示，也就是他的注意力被引到说话人谈及的所指对象上了。与此同时他仍然在一定程度上意识到这个词语的字面意义。这样一来，这个词语的实际（偶然的）所指和字面（通常的）所指两个方面就融合在一起了。实际所指就像充电一样带上了字面所指那固有的色彩和感情特点。如果这个比喻是首创的，人们眼前的世界就多了一层新的关系，听话人的精神也因之兴奋和丰富起来。

人们觉察这种比喻赖以成立的相似性，实际往往是通过心理学家称之为联觉（synaesthesia）的过程自动地发生的。例如对许多人来说，不同的乐音和音色会引起各不相同的颜色感觉：也许听双簧管使人想到蓝色，听大提琴使人想到红色，听笛子使人想到绿色。象征性语言就利用这些联想，特别是用于描绘精神状态。众所周知，颜色有一种很大的心理效果。黑色是悲哀和不幸的颜色。所以这个形容词常常用于发生悲剧事件的日子。罗马人有他们的“黑日子”（dies atri）；而英国的工联主义者有他们的“黑色星期五”。[14] Black magic（“黑色的魔术”，即巫术）[15] 意味着恐怖和神秘。我们说“green with envy”（嫉妒）和“white-livered”（没胆量）。[16] 现代的二流诗人也毫不迟疑地抓住机会就让忧郁的 blue（蓝色）和 two、you 押韵。在这些情况下，联想是在神经系统中自动发生的一种运作。

不过更常见的是，比喻的机制是对概念的简单心理联想。一项活动或一个实物的各个方面组成一个概念丛；它是如此紧密地交织而成，以至其中任何一个成员都能在听话人心中唤起其余的

成员。例如写作活动需要诸如笔、纸、墨水、橡皮、书桌之类物品。正是这些物品和这种特殊活动的联系，使这些物品能在一种适当的语境之中唤起对整个写作活动和写作职业的联想。这就是我们从课堂练习中就熟习了的“The pen is mighter than the sword”（“笔杆强于刀剑”）之类的比喻（转喻）。通过同样的心理过程，“台”可以象征演戏的职业或外科手术，而铁锤和镰刀在苏联的旗帜上意味着工农联盟。在这种情况下，联想是由眼前世界实际互相联系着的事物而引起的，而大脑则多少处于被动地位。但是人的大脑也有能力清楚地感知存在于迥不相同的物体和情景之中的相似性。[17]所以，一个说话人想要生动地向听话人表达某一性质，可以提到特别显著地具备那种性质的一个实物。形容一个忠厚善良但毫无风趣的人为“汤团”或者“羊油布丁”是再好不过了。同样，动物可以作为体魄的或道德的品质之象征：蛇象征狡猾和阴险，猴子象征调皮捣蛋，狐狸象征诡诈，狮子象征勇敢。

有些比喻来得更复杂些；要对情景做些分析，才能引出本质的相似性。例如“to foul one’s own nest”（“弄脏自己的窝”，意即家丑外扬）、“not to let the grass grow under one’s feet”（“不让草在脚底下长起来”，意即做事切勿迟延）之类的说法便是。我们首先想到的类比通常出于我们自己从事的行业中的事物。语言就这样通过取之于专门词汇的比喻而丰富起来了。我们再来看耕作和种植活动怎样在一大堆富于表达力的比喻中得到了反映：“to plough the sand”（“耕沙”，即徒劳）、“plough a lonely furrow”（“独自犁田”，比喻离群索居）、“do the spade work”（“干铁锹活”，即作为创业人而艰苦劳动）、“sow one’s wild oats”（“播种野生燕麦”，比喻年轻时的放荡)、“to weed out”(“除草”,比喻清除无用之物)、“to reap a rich harvest”(“获得丰收”,即收效很大)、“thrash a subject out”(琢磨一个论题或解决问题[thrash 本义为“脱粒”])、“separate the grain from the chaff”(“分开米粒和糠”,即区别精华和糟粕),等等,不一而足。许多英语词隐含着罗曼语言中的比喻,二者同出一源。例如“propagate”(繁殖,使蔓延,宣传)字面上意思是“把压条或接枝安放好”;“delirium”(精神错乱[本出拉丁语])与拉丁语词 delirare 有联系,后者是“犁地(lira)时出了畦”的意思;“precocious(早熟的)”本来是一个用于早熟果子(praecox,拉丁语“早熟”)的词。如我们所料,水手们给我们带来了大量的比喻,例如“to sail close to the wind”(“迎着风行船”,比喻干非常危险的事)。又如:生活可能是“smooth sailing”(“一帆风顺”),我们可以“rest on our oars”(“停桨休息”,即松一口气);如果困难来临而我们无法“weather the storm”(“冲过暴风雨”,即渡过难关),我们就会“on our beam ends”(“因船身倾侧将近翻船而滑到横梁尾上”,比喻无法摆脱困境),甚至会“on the rocks”(“船触礁后搁在岩石上”,比喻经济困难)。

大家会注意到:这些词语大都已用得烂熟,以至人们已经意识不到其中的比喻。一个比喻在语言里变得如此通常,新的一代人成长起来学习语言时,它已经是正规的、日常应用的说法了。它失去了它的色彩和鲜活形象,失去了对老一代人所拥有的那种特别的召唤力量。这样一来,后一代人就会完全不知道它的本来意义。[18]有许多从失传的游戏和职业中产生的比喻正是这样残存下来的。用鹰来打猎是中世纪人们喜爱的娱乐,虽然再也没有人这样做了，它还是会通过一些已成化石的比喻而永远保存下来。“To reclaim”（收回，要求归还）字面上是“召回”（拉丁语 reclamere）飞出去打猎的鹰。放鹰人要把鹰叫回来，使用了一种叫作 lure 的笛子。这是一个古法语词，意为“诱饵”，但仅限于这种专门意义。这就是我们用 lure 的各种比喻（按：即“钓饵”、“诱惑”、“魅力”）所由来的源头。而“to pounce upon”（猛扑，抓住）是使人回想起这种古老的中世纪狩猎活动的另一个比喻，pounces 就是鹰的爪子。正如一般所料，运动对英语词汇也做出了不小的贡献。有多少人会意识到：“to turn the tables”（“把桌子转了过来”，即倒转形势反败为胜）这个比喻出自西洋双六（十五子）游戏；而“jeopardy”（危险）源出古法语 jeuparti，是个棋局上的问题？从骑士比武中我们得到“to take a tilt at”（攻击，竞赛[按：原意为在马上比武时“挺枪刺去”]）或“to break a lance”（辩论，争论）。而“to throw down the gauntlet”（挑战[按：比武时把手套扔下是挑战方式]）是使人回想起中古习俗的另一个短语。但是“to run the gauntlet”（受众人攻击）却与此毫不相关。这个短语的 gauntlet 实际上是通过流俗词源从 gatelop 改造而成的，后者是一个瑞典语词，意为“跑夹巷”，是使罪人走在两排人当中受鞭打的刑罚。[19] 在“三十年战争”时代，瑞典人惯于用这种特殊的方式来处罚俘虏。弓箭术也给我们留下许多成语，如“to have two strings to one's bow”（有两手准备）、“to have a quiver full”（有一个大家族[按：此语源出《圣经》，字面是“有满箭筒的箭”]）、“to shoot one's bolt”（攻击，努力[按：字面为“把弩箭射出去”]）。从这项运动来的其他成语已经不再显而易知。例如“to hit the nail on the head”（打中

要害，说得中肯[字面上是“打中钉头”])并非来自木工爱好者；它的本义是“射中靶心”——以前是用一个钉子来标示靶心的。与此相仿的是德语词 Zweck 的发展：此词原指木钉或铁钉，但现在指“目标，目的”。

比喻不但使人想起那些已经失传的游戏，而且使人想起一些已经废止的职业。这方面的有趣例子是“a garbled version”(歪曲了的记录，窜改过的版本)一语。动词 garble 是经过一个迂回曲折的复杂旅程才来到英国的。它源出印欧语的一个词，意为“筛，分”：拉丁语作 cerno，希腊语作 krino。在这两种语言中这个动词都经常用于比喻意义：“辨别，观察，判断”。拉丁语的派生名词 cribrum(筛子)，仍保留着动词的本义。它的指小形式 cribellum (小筛子)以 garbil 的形式被借入阿拉伯语。后者由摩尔人在占领西班牙时引入西班牙语；在那里又派生出一个名词 garbilar，指筛香料的人。它随着香料贸易来到英国。在 16 世纪，garbler 这个词还是用来指一种食品检查员；他负责到处拿香料过筛，以保证香料没有掺假。动词 garble 终于发展出比喻的意义：“断章取义，附会曲解”(即“拣出、选择”[事实]来给人一种假象)。这是其唯一的现代意义。

比喻，特别是那些已经变成谚语的比喻，有时候保存着固化了的词语，这些词语的意义已经不再能被人们正确理解了。例如在“to buy a pig in a poke”(“买了一头装在袋子里的猪”[比喻盲目采购])这个英语短语中，poke 指的是“袋子”。正如德语中相应的比喻“eine Katze im Sack kaufen”(“买了一只装在袋子里的猫”)一样。Poke 是 pouch 的异体字，只有 pouch 的指小形式 pocket

(口袋)在标准英语中保存了下来。在这种情况下,人们对短语的一般意义是理解的,但忘记了其中某些成分的单独意义。又如,对现代德国人来说,“in Hülle und Fülle”不过表示“丰满,富裕”的意思,亦即后一个词(按:现在 Fülle 作“丰满”解)决定了整个短语的意义。这个短语原来指的却是“衣(Hülle)和食(Fülle)”。与此相仿,“kurz und bündig”本义为“短小精悍”;但在现代,这个短语只表示“简短,简明”的意思。这种误解可能会导致意义的奇怪转换。例如英语“to tell one's beads”(祷告)字面上的意思是“数念珠(的次数)”。那“tell”是和德语的 zählen(数)相联系的,这个意义现在只保存在名词 teller(选举时的唱票人)之中。而 bead(念珠)源出盎格鲁-撒克逊语的 gebed(祷词),这个词是从罗马天主教的祷告形式那里获得其现代意义的。做那种祷告要反复念 150 遍圣母经(Ave Maria,“万福马利亚”),每十遍为一单位;前面念一遍天主经(Pater Noster,“我们的天父”),后面念一遍光荣经(Gloria in excelsis,“光荣归于天上的圣父”)。为了数这 150 段,就使用一串珠子,共 165 个(每段用一个小珠子,每十段用一个大珠子隔开,串成一圈)。

这种情况在理论上有很大的重要性。看来相当清楚的是:听话人并非根据句子和短语的各个独立成分(词及其变化形式)的意义来得出句子和短语的意思,他是通过一个总的印象去把握它们的意思的。在一定的语境中,一个单独的暗示,就可能足以使听话人豁然领会。皮亚杰(J. Piaget)观察到,这种“融汇式的理解”对儿童而言是很普通的。他们一下子先得出一个结论,接着运用这个结论去解释所听到的话语的细节,把它们“视为总图式的函数”。

这正是在听到“telling one’s beads”（“数念珠”）时发生的情况。当然祷告人是用数念珠来记忆他祷告的遍数。因而听话人对这个短语所描述的事情有正确的理解。但是他从与说话人意图不同的另一条途径去解释那种事情的细节。重要的是：说话人不可能纠正听话人的这种误解，因为他不知道对方的误解。说话人只能从听话人的表现得知自己是否成功地表达了想说的意思。在这种情况下，既然在听话人那里引起的反应正是说话人所期待的（即听话人表现出他已注意到话中所指明的情景），那么就无法看出“虽然答数是对的，但是演算过程错了”。

关于由误解而导致的语义变化，各种手册收罗了许多例子。一个很好的例词就是英语的“premises”。与财产转让或租借有关的法律文件开头往往详细描写所涉及的财产，接下来在文件的主要部分提到这财产就说“the premises”（前述物件），拉丁语是praemissa（前述）。不难看出，这个词后来是怎么被人们理解（或者毋宁说误解）成现代的意思（“前提”）的。斯特恩在其著作的368页引了一个英语例子“knot”（结子）。过去测量船速曾经用这样的办法：放出一条每50英尺打一个结子的绳子，半分钟内跑出的结子数目等于船在一个小时内行驶的海里数目。所以速度就这样定为多少个“结子”（按：现中译名为“节”）。许多陆居的外行人听到这个说法就理解为直线距离的测量单位，而说出“每小时十节”之类不通的话来。另一个像德语“kurz und bündig”（短小精悍）一样用两个同义词并列组成的固化词语是“without let and hindrance”（畅通无阻）中的let。这个词源出盎格鲁-撒克逊语的lettan（阻碍），已经废弃不用了，因为它后来变得和laetan（允许）

同音而意思却正好相反。这样形成的歧义是任何语言都不能容忍的(详见下文)。

到此为止,我们论述的词语之意义还仅仅是它的知识性方面。但是词语除了作为传达意义的符号之外,本身还具有一种个性。英语词 horse、steed、nag、gee-gee 都指同一种动物(马),从这个角度看来意义是一样的;但是每个词的感情色彩并不一样:horse 是日常应用的词,最少感情色彩;steed 属于诗的语言,它是意气洋洋的、高贵的、雄伟的;gee-gee 却是闹着玩的幼儿语。大多数文化悠久的语言都有这样一套套的所谓“同义词”任人随意选用。例如德语有 Pferd、Ross、Gaul(马)。英语区别 face(脸)和 countenance(容貌),德语也相应地有 Gesicht 和 Antlitz(义同前)。正是这些词的不同风格和色彩,使每个人都有必要注意用词的选择。它们的感情内涵不能与使用这些词的情景失去协调。对这种意蕴毫无感觉,也许是缺乏教育的人的最显著的特点之一。如果用英语说到一个在别人家里打零工做家务的女人 commences(开始 begin)洗擦,她有 sufficient(充足的 enough)饭吃,她问女主人她什么时候可以 at liberty(自由行动 free),这些(“大字眼”)说法就太刺耳了。所谓出言得体这种可贵的品质无非就是对于词语之感情内容的敏感。听说有一次翻译法文照会,未把 demander 译成 ask 或 request(请求)而译成了 demand(要求),竟引起了外交上的麻烦。在英国,建设工人住宅的最大障碍之一涉及“tenement”(公寓)一词的使用,因为这个词往往暗指“贫民窟”。失业救济委员会关心的是“足够的营养标准”,但一个工人不过要填饱肚子而已。严肃的清教徒抨击“赌马”,但轻薄子并不感到“玩玩马儿”有什么害处。

大多数人对“死”这个主题精心选择用词，在每一种语言里都可以看到人们极力避免直接使用这个词：我们说“他逝世了”或“他停止了呼吸”，德国人用美丽的字眼“长眠”，而罗马人说“遭逢末日”。

这种不愿意对不快意的事物或情景使用直接说法的手段就是所谓“婉辞”或“委婉语”(euphemism)。原始语言提供了这种加于某类词语之上的禁限的突出例子了。对于原始人来说，词被赋予了一种可怕的力量。“名”与“物”是密不可分的，谁要是知道了“名”，谁就有了支配这“名”所标示之物的力量。我们听说，在一些野蛮部落中禁止女人使用任何同她们丈夫的名字相似的词，因为怕使用起来会导致对他们的伤害。然而这种禁忌决不限于原始语言。有许许多多的东西我们是宁可不提及的；但是在讲究礼貌的社交中如果非提及不可，就要运用一种造作的社交技巧，装成谈论别的东西的样子。在我们的社会里，生理行为是特别列为禁忌的。在英语中，很快就会无法找到指厕所的一个可以接受的说法了。我们曾分别称之为 privy(本义是密室)、closet(本义是小间)、lavatory(本义是洗手的地方)、cloak-room(原指公共场所的衣物寄存处)。现在我们甚至连 cloak-room 也不能说了。不过我们邻国的人也同样感到难办。德国人靠使用法语词 pissoir(小便处)、toilette(盥洗室[原指梳妆室])、closet 等等而跳出困境。法国人使用各式各样反映高卢气派的词语：les lieux(本义为地方)、quelque part(某处)、les water(水[即洗手间])，等等。还有，在说到朋友的身体特征时，我们尽量设法找出最客气的字眼。我们宁愿说 stout(壮实)而不说 fat(肥胖)，虽然 stout 这个词本义只是“强壮”；正如法国人和德国人分别把他们的 fort 和 stark(均为强壮之

义）用于肥胖这个意思一样。我们宁可说一个丑姑娘长得 plain（“平常”）或者 homely（“朴素”）。还有某些衣服，在讲究礼貌的社交中也最好不提。旧词 smock（女衬衣）被 shift（本义为更换）所代替，shift 又被 chemise（衬衣）所代替。但这个词也已经用坏了，特别是据此造出一个粗俗的词形 shimmy（单数）之后。现在我们通常说成 lingerie。[20] 人的假正经会发展到什么地步，是值得惊异的。维多利亚时代用“肢体”（limbs）指“腿”就是一个适例。奥地利人宁愿说“脚”（Füsse）也不说“腿”（Beine）。在美国，认为提到鸡的胸部是不雅的，把它说成委婉的“白肉”。还有，若一个美国妇女告诉我们她整天 sick，会把我们吓一跳；其实她不过使用这个词的旧义“不舒服”罢了。[21] 这个旧义就见于德语的“siech und krank”（疾病羸弱）和“Bleichsucht”（萎黄病）之类词语中［siech（有病的）、Sucht（病）与 sick 为同源词］。现在德语 siech 这个词也已被委婉的 krank 所代替，后者本义为“瘦、弱”。

人们对于使用婉辞的嗜好，又表现于所谓“隐语”这种奇特的说话方式。我们在这里再一次看到：出于害羞、保密或诙谐的考虑，人们避免直来直去的说法，而用和那个说法相似的词语来暗示。下面是一些英国尽人皆知的例子：“to go down Sheet Lane into Bedfordshire”（字面上是‘顺着士特胡同走到贝德福郡去’——真正意思是“睡觉去”，因为这些词里隐含着 sheet［被单］和 bed［床］）、“He that fetches a wife from Shrewsbury must carry her to Staffordshire or else live in Cumberland”（字面上是‘从施鲁斯伯里郡娶老婆的人得把她带到斯塔福郡去，否则就住在坎伯兰郡’——利用谐音暗指 He that marries a shrew must use the staff or else he will live with cumber；即“娶上泼妇［shrew］的人应该向她打棍子［staff］，否则他就要一生受累［cumber］”）。在法语中可以找到类似的谐音隐语，如“aller à Versailles”（字面上是‘到凡尔赛去’——意思是 se verser“栽跟头”）、“aller à Rouen”（字面上是‘到卢昂去’——意思是 seruiner“破产”）。

婉辞通常只是暂时见效，因为使人厌恶或不愉快的是事物或概念本身；所以婉辞很快就会变质，而不断被后起的说法所取代。这就是导致词意贬义化的原因。[22]关于未婚和已婚女子的词提供了这种过程的突出例子。法语中 garce（十二岁以上的女子；卖淫妇）一词早就不能用了；但今天如果想避免误解的话，甚至 fille（姑娘［按：亦可指妓女］）也要用一个形容词来修饰了：人们说 votre jeune fille（你家小姑娘［按：jeune 义为“年轻”］）。同样，人们说 votre dame（您夫人）而不说“votre femme”（你的女人［按：femme 亦用于称呼女仆］）。德语也是这样，Dirne 一词的历史正好与此相仿。在南方方言中它仍然用于古老的意义“女孩，少女”，其指小形式 Dirndl（小女孩）尤其如此。在标准语中它的意思是“娼妓”。英语中关于未婚和已婚女子的词有相似的“降格”现象。Wench（妓女）在一些方言中依旧作为正常的词来使用（按：即“少女，少妇”），它的本义其实不过是“弱者”。而 hussy（不正经的女子）只是 housewife（家庭主妇）的一种含糊的读音而已。

现代对农民和农村生活的浪漫主义田园诗式的描写，在语言史上是前所未有的。其实，各种语言都经常把关于农村居民的词作为贬义字眼来使用。罗马人搞出令人反感的“urbanus”（城里人）和“rusticus”（乡下人）的区别；“城里人”含有“优雅”、“有礼貌”

的意思，而“乡下人”含有“笨拙”、“粗野”的意思。希腊语与此相似，也有 asteios 和 agroikos 的对立（义同前）。英语 boor（粗人）这个词本身原指“农民”，相应的德语词 Bauer 还保留着这个意义。在法语里，rustre（乡下的）和 paysan（农民）也被玷污了；同样，英语 villain（坏蛋）一词源出拉丁语 villanus，指的是隶属于庄园（villa）的人即家奴（villein）。[23] 奴仆阶层的名称一般总容易“降格”。英语的 knave（坏蛋）与德语 Knabe（男孩）相关联。在英语中它连续经历了“男孩”、“仆人”、“坏蛋”几个阶段。今天真正民主的精神禁止用 servant（仆人）一词。所以 maid（女仆）也不再指“少女”，和德语词 Magd（义同）遭到同样的命运。[24]

拉丁语词 gallina 的历史是贬义化的一个有趣例子。它原指“母鸡”；而一个曾用来泛指幼小动物的词 pulla 转而专指“小鸡”。在卖禽畜的时候，年岁是定价的重要因素，不论那禽畜买去是宰了吃还是用于下蛋产仔。所以农民对自己的货物会做出最有利的描述。结果每只鸡都变成 pulla（小鸡）了。这对 gallina 的意义产生了显著的影响，它变成“不再下蛋的老母鸡”，保存在许多法国方言里。然后，通过意义的扩展，它被用来指任何一种老而不育的雌性动物。而在另一个方言里，它又重新专门化，指“不产仔的母猪”。

我们已经说过，词并非仅仅是交换思想的不带色彩的筹码。语言不但用于传达信息，而且用于影响行为，传达命令，引起惊奇、愤怒和恐惧。说话人无一不是天生的修辞家，为了达到激发情绪的目的，他会选择色彩最浓的、充满感情内容的词语。试对比一下“我们将要被杀死”这句话的干巴巴的言语效果和“我们将要在睡梦中被杀害”的可怕色彩。特别在政治上，鼓动群众的情绪比诉诸说理更为见效，因而这种手法是最常用的。因此反对社会主义者的人就把社会主义者叫作(俄国)“过激党”，在一般人心目中这个名字是跟扔炸弹和乱杀人联系在一起的。对方也不示弱，用(英国)“保皇党”来回敬，这个字眼叫人立刻想到葡萄酒、童工和炮舰。但是在各种话语里，特别是在粗俗话中，我们可以看到人们如何拼命追求言辞效果。表示惊异的说法有 thunder-struck(“如遭到雷击”，恰似闻雷失色)、“You could have knocked me down with a feather”(“你几乎可以用一根羽毛把我打倒”，即我已吓得一身软)等等。俚语是寻求表达生动和色彩鲜明的一种体现：把脸叫作“mug”(杯子)、“dial”(电话号码盘)、“phiz”(physiognomy“风水”的略语)；把头叫作“crust”(外壳)、“coconut”(椰子)、“turnip”(萝卜)。这些词许多已经从街头巷尾进入了客厅，成为普通使用的语言的一部分，甚至把它们的对手即高雅的词排挤掉。法语词 tête(头)源出拉丁语 testa(锅，罐)，后者曾经是罗马老百姓中间指“头”的流行俚语词。拉丁语的 caput(头[法语作 chef])只在一种比喻意义(按：即“头头”)中残存了下来。德语中原意为“碗”的 Kopf(头)以完全相同的方式已经在日常语言中取代了较旧的 Haupt，后者现在限于诗歌和高雅语言中使用。这种变化使我们想起英国俚语的 mug(啤酒杯)。在兰开夏经常听到称头为 gob，可能它与指小形式的 goblet(杯)有关系。

在许多情况下，俚语的使用获得了与前述的“贬义化”正好相反的效果。例如英语的 gore 一词，现在是“血”之客气的和高雅的同义词，过去却是“肮脏东西”的意思。而 plucky 据现代用法是指在小事情上表现出来的勇气，这个词是从 pluck 来的，意为“内脏”。这种词语在社会上的“升格”，可以从年轻一代说话不知分寸的“烂仔哥们”(enfants terribles)那种赶时髦摆派头的特殊表现得到解释。他们把自觉的说粗话看作是开明和解放的标志，在他们的言谈中掺杂着许多下流的咒骂语。比这些人年龄稍长的人为了逃避老朽、“僵化”的恶名，便也常常使用这些词语。结果，这些街头的污言浊语已为上流社会所接受，显得高贵起来了。说来也真巧，guts 和 pluck 如出一辙，都由“内脏”升格为“勇气”了。另有一些词语的褒义化是把贬损语用作亲昵语的结果。我听到过人们用狂喜的赞叹语调把小孩叫作“坏小鬼”(wicked little devils)。同样，naughty 原指“一无是处的”(good for naught)、“堕落的”，现在获得了一种玩笑的意味(“淘气的”)。而 pretty(漂亮的[源出盎格鲁-撒克逊语 praetig “狡猾的”])的发展正可比之于现代美国的短语 “a cunning child”(可爱的孩子[按：字面为“诡诈的孩子”])。另一个美国风格说法“he is just *crazy* about her”(“他对她简直发了狂”——他太喜欢她了)则启发我们想起英语的又一个词 fond (喜欢)，这个词原是 fonnen(中古英语“当傻瓜”)的过去分词。

这种词语在社会上的升格不过是所有此类强烈词语不免要弱化的一种表现。正如下料过多的食物很快就使舌头麻木而显得索然无味，词语用过了头也会失去它们的力量和色彩。美国电影广告适足以表明这种弱化进程之迅速。我们现在听到原先很刺耳的最高级形容词像“stupendous”(惊人的)、“thrilling”(惊心动魄的)、“enthralling”(迷人的)之类，已经不感兴趣，不受影响了。就这样，我们语言中的许多词已经变成了它们原意的一个淡影。比如 annoy(讨厌)最初源于通俗拉丁语的 inodiare(可恨)，有一个时期它可以用来指杀人放火的事。在法语里它变得更弱,因为 ennuyer 不过是“使人烦恼”的意思。法语的 gener 也经历了相同的发展道路:它是从古法语 gehener(折磨)来的,现在不过是“打扰”的意思。表示程度的副词特别容易受这种语言剥蚀作用的影响。在英语中,使用像 frightfully(“吓人地”)、awfully(“可怕地”)那样的副词,只是标志着一个人脑子里空空如也。不过我们邻国的人也同我们一样惭愧。德国人口中随随便便说出 Furchtbar komisch(“滑稽得可怕”)和 entsetzlich gross(“大得惊人”);法国人也有他们的 rudement(“粗暴地”)、furieusement(“狂怒地”)、terriblement(“可怕地”)、fichtrement(“糟糕地”),等等。随着时间的推移,这些用语都失去了它们的所有本义,而成为仅仅表示程度的用语(“很”)。英语的 very good(很好)原意是“真好”(比较现在已罕用的 verily,“真正地”)。而德语说法 sehr traurig(很悲伤)中的“sehr(很)”原意是“痛心”;该词和低地苏格兰语的 sair(痛)是同源词。

我们说过:说话人着意于言语效果,他总是运用所有能运用的手段去达到其目的。不过,语言现象也反映出人的另一个特点,这就是我们前面(第 68 页)描述过的追求经济省力。在正常情况下,说话人会满足于使用为传达其信息所需要的最小力量。上面(第 69 页)提到过,可懂度是语言损耗之不能越过的极限。像“Good morning”([英语]你早!)和“Guten Tag”([德语]你好!)这样的日常用语常常被缩减成“morning”和“Tag”,或者仅仅一声咕噜;甚至只是一个发音姿态,就像英国小学生行礼时满足于正一下帽子而不脱下那样。这种词中减省(syncopation)现象经常使词义发生显然令人吃惊的变化。[25] 例如:英语的 private(列兵)是 private soldier(普通一兵)的减省，rifle(步枪)就是 rifle gun(“来复枪”)的减省。英语 street(街道)源出拉丁语 strata via(铺石子的路[via=路])，正如法语的 chaussée(街道)代表 via calceata(铺石灰的路)。英语的 terrier，和 tear(撕)或 terror(恐怖)毫无关系；terrier 不过是一只(chien) terrier，即一种猎取穴居动物时使用的狗，就像德语“猎獾所用的狗”Dachshund 那样(chien 是法语“犬”；terrier 源出拉丁语 terrarium“小丘”)。在法语中更有来自[caseum] formaticum(拉丁语“[奶酪]模子”)之 fromage(干酪)，来自[porcus] singularis(拉丁语“不同一般的[猪]”)之 sanglier(野猪)，来自[tempus] hibernum(拉丁语“寒冬的[时节]”)之 hiver(冬天)。最后一词之得名可以类比于西班牙语的 estio(“夏天”，原等于拉丁语[tempus] aestivum“炎夏的[时节]”)。

在称述按原产地命名的东西时，这种简缩特别普遍。例如我们说“一顶巴拿马”(Panama[草帽])，说“基安第”(意大利 Chianti[红葡萄酒])、“勃艮第”(法国 Burgundy[葡萄酒])、“香槟”(法国 Champagne[酒])，说“开司米”(cashmere[毛料]，原产地为克什米尔)，说“葛律叶”(瑞士 Gruyère [干乳酪])。我们有大量农产品名称是这样产生的。樱桃(英语 cherry，法语 cérise)原产克拉索斯(Kerasos)，由卢库鲁斯将军首次带到罗马。[26] 桃子(英语 peach，法语 pêche，德语 Pfirsich)原意为“波斯苹果”(拉丁语作 Malum persicum)。红醋栗(currant)是从科林斯(Corinth)来的。洋李子(damsons)则来自大马士革(Damascus)。铜(copper)是采自塞浦路斯(Cyprus)的金属，金[银]币(florin)最初在佛罗伦萨铸造；[27] 而美元(dollar)则由 Joachimstaler 缩略而成，后者是从曾以银矿著称的波希米亚地名 Joachimstal 来的。许多纺织品名称表示它们曾在何地织造过:大马士革出花缎(damask),幼发拉底河上摩苏尔城(Mosul)出细棉布(muslin),法国康布雷(Cambrai)出麻纱(cambric)。在饮料中,杜松子酒(gin)差点使人认不出它原产日内瓦(Geneva);而雪利酒(sherry[旧作 sherries])是来自赫雷斯(Jerez)的西班牙饮料。叫 Fayence(法语为 faience)的彩瓷之真正原产地是意大利城市法恩札(Faenza),法国仿制时以普罗旺斯州小城 Fayence 为它命名。[28]

有些人名也以同样方式用作普通的名词而成为我们语言的一部分。“三明治”(sandwich,夹心面包)据说最先由桑威奇(Sandwich)伯爵做成;他想出这种吃肉和面包的办法以免离开赌桌。我们在路上铺碎石(to macadamize)、穿长靴(wellingtons)和测试电池的电压(voltage,单位为伏特)之时,就在用着另一些专有名词。[29]弗农上将(绰号 Old Grog)命令把水与甜酒和着喝而发明了淡酒(grog);[30]海员们天天喝淡酒,却永远不知道要对弗农感恩。

末了,我们要简略地探讨一下词的消失问题。那些由于文化发展而消失的词,我们留在第八章讨论。例如“toga”(古罗马人穿的宽袍)作为男人的外衣,现在连最喜欢复古的法西斯党徒也不再穿了。所以,这个词随同它所指的那种衣服消亡了。[31]同样,已废的信仰、祭仪和观念也失去了它们的意义。它们不再是说话人精神世界的组成部分;所以关于这些东西的表达手段也就不知不觉地被废止,并被遗忘。古英语词如“ealh”(庙宇)、“blōt”(牺牲)、“ād”(火葬堆)就属于这一类。

像处理其他语言问题一样,在探讨词的死亡问题时,我们必须时刻牢记语言的主要功能是向听话人传达意义。要有效地做到这一点,信息就要清楚;就是说,所用的符号必须没有歧义。如果说话人用了一个不清楚的符号,他在传达意义上的失败就会提醒他去找替换的词语;所以那被避开了的有歧义的词就会停止使用。我们在讨论 let 这个词的时候说过:lettan(妨碍)停止使用了,因为这个词有同从 laetan(允许)来的同音词 let 混淆的危险。我们现在进而讨论另一些例子,它们将表明同音现象对一种语言的词汇之影响。

在大致分布在从波尔多市(Bordeaux)到孚日山脉(Vosges)一线以南的法国各方言中,"锯"这个动作有一个时期曾经用派生自拉丁语动词 serrare(锯)的词来表示。这个词今天只在四个分散的地区内保存下来。这就提出了一个问题,究竟是什么原因使 serrare 在它原先流播所及的广大地区内消失了呢?吉叶宏(Jules Gilliéron)指出,这个词的致命弱点是它很像本地区另一个常用词——拉丁语 serāre(关闭)的派生词。实际上,有两个同音的词:ser[r]are(锯)和 serare(关)。只有极少数地方的土语容忍了这种混淆;在别的地方,不是保留了 ser[r]are(锯)而抛弃了 serare(关),就是保留了后者而抛弃了前者。这就是说,在南方各方言中这两个词几乎在所有的地方都是互相排斥的。在 ser[r]are(锯)已经消失了的地方,sectare,secare,resecare(按:均为拉丁语"切割"之义)等词填补了空白。古法语 ouvrer(劳动)的消失也是同一种力量起作用的结果。这里具有摧毁性力量的同音词是 ouvrir(打开)。还有一例,拉丁语中 aestimare—esmer—émer(估计、尊重)的语音发展使这个词在法语里同从拉丁语 amare 来的 aimer

(爱)发生了冲突。在标准法语里这个斗争是以学者们的干涉而结束的,他们直接依据拉丁语重新造了一个 estimer(估计,尊重)。但是吉叶宏争议说,aimer 和 émer 两个动词之间势均力敌的斗争在动词 aimer(爱)的词法和句法上都留下了永久的印记:其复数 aimons 等和 j'aime mieux danser("我宁愿跳舞"[但是j'aime à danser 意为"我爱跳舞"])之类结构本来是动词 émer—aestimare(估计,尊重)所固有的。

再举一个例子。罗曼语高卢保留着 merula(乌鸫)一词。但在瓦隆地区,因为 merula—la mierle—la mielle 的演变,又因为定冠词的阴性阳性形式(le、la、le)失去区别,从 merula 来的 le mielle(乌鸫)就同 le miel("蜜",源出拉丁语 mel)分别不开来了。结果,人们无法忍受这种同音现象,就用两个没有歧义的词把它们都替换了:"蜜"用 lam(即 larme"滴"),"乌鸫"用 mauvis。不过在那些冠词能作为区别标志的地区,那两个词的使用依然如故。[32]

学者们推测,同音现象是英语中许多词消失的原因。Grētan(古英语"叫喊")被 grētan(古英语"迎接,招呼",= greet)打倒了;hrūm(古英语"烟垢")和 rūm(古英语"房间",= room)发生了抵触。还有,据说 ādl(古英语,义同 disease"疾病")的消亡是因为它和 addle(污物)相似。而"疾病"的另一个说法 disease 是婉辞(按:dis + ease 本义为'不适')。所以 ādl 的消失可能是因为前面说过的宁用婉辞的缘故。

人们不愿意使用一个和某词相似的词,并不总是因为那样一来会有混淆或歧义的危险。语音上的偶然相似常常引起令人感到不好的联想。学校教师都有这种经验:一提到"血战"(a bloody battle)，就会让学生忍俊不禁。[33] 基于同样的理由，今天我们说到"驴子"宁愿用 donkey 而不用 ass。[34] 在法语中，connil（兔子[拉丁语作 cuniculus]）一词由于开玩笑或别的什么原因，和从拉丁语 cunnus（女阴）来的法语词纠缠起来，而被替换成 lapin（兔子）。

至此为止，我们讨论了由于两个词的偶然语音纠缠而造成的全部或部分的同音现象。但是同音现象可能是通过分裂单个的词而产生的。如果拉丁语 caput（头）一词在经常的隐喻性使用过程中变为指"首领"，那么从共时的观点[35] 看来（即如果我们不管这些词的历史来源，而只把注意力集中在语言的这个最近阶段内的实际材料上的话），我们实在可以说有两个同音的词：caput（头）和 caput（首领），它们可能循着不同的路线发展。结果，caput（头）为 testa（头[法语作 tête]）所取代，虽然 caput（首领）还残存在现代法语的 chef（首领）一词中。[36] 如果一个语音符号通过各种比喻性扩展获得了多种意义，其结果将完全跟许多原本各不相同的词通过语音演变而变成了同音词一样。例如，古英语词 gemēt 有"度量"、"距离"、"界限"、"调和"、"法律"、"能力"等意义；nid（德语作 Neid）有"吵架"、"打架"、"仇恨"、"妒忌"、"烦扰"、"坏"等意义。这样的词被认为"负荷过重"。它们的消失，和上面讨论的同音词的情况一样，是同一种力量在起作用的结果。

英语中存在大量同音词这一事实，要求对上述原理做一些修正。比如：hare（兔子）和 hair（头发）的读音一样，但没有任何迹象表明其中哪一个行将死亡。理由是，在各种可能的情景中都不会产生歧义。到市场去买 hare（兔子）的人可以放心用这个词，他的需求决没有被误解的危险。一个理发师在顾客请求理发的时候，也决不会料想顾客脱帽时帽子下面会冒出一只兔子来。所以上述原理应该说成：同音现象，只是当它存在于那些在一定语境中会引起误解的词之中时，才会引起语言混乱。这意味着，那些词一定是属于同一个语法范畴的，例如德语词 arm（形容词“贫穷”）和 Arm（名词“胳臂”）决不致发生混淆。还可以限制得更严格些，那些词一定是属于同一个意义范围的。我们将会在下文（第八章）谈法语词“猫”和“公鸡”的斗争时看到这方面的一个典型例子。只是在这种有限的环境中，同音词才不再是表达和交际的有效工具；只是在这种情况下，语音上的相似才成为决定词的消亡之原因。

促使人们抛弃一个词的东西，不仅仅是歧义。很多时候，语音损耗是如此严重，以至词被缩减成只剩下一些片段，说话人就把它们当作用旧了的工具一样撇在一边了。

吉叶宏曾经以高卢-罗曼语地区方言中 apem（蜜蜂）一词的历史为例，说明言语衰减带来的后果。这个词由于语音变化竟缩减为一个单音[ɛ]，这使得它再也不能成为令人满意的交际工具了。说本地话的人到处寻找一个形式完整一点的词，最后在南方法语（现在是标准法语）中找到了 abeille（蜜蜂）。我们可以援引同样的理由来说明拉丁语动词 edo，ēs，ēst（“吃”的各种形式）之消失并为诸如复合词 comedo（吃）和影响更大的 manducare（嚼）等字眼所取代的事实。在英语中，这种语音上的残缺不全也被用来解释为什么 āē(w)（古英语“法律、习惯”）被 law（法律）和 custom（习惯）所取代，ea（古英语“水”）被 water（水）所取代，īg（古英语“岛”）被 island（岛）所取代。在所有情况下，我们都可以说：决定词的存亡的标准就是它们作为交际工具的充分有效性。

附　注

① 按：sely（纯朴的）现在拼作 silly，意义变成“傻里傻气的”；eek = also（也）；wo 是惊呼声，和现在的 wo（喝马停住的声音）不同。动词 stirt（复数 stirten）是 start（动身）的过去时。而 anon = at once（立刻）。翻译此段时曾蒙杨周翰教授指教，谨致谢意。——译注。

② 在现代英语中，vulgar 有“庸俗的，下流的”之义；disgusting 有“令人作呕的，讨厌的”之义。但在约翰逊时代其贬义并无如此之重。约翰逊博士，即 Samuel Johnson（1709－1784），英国诗人、评论家、作家、辞书编纂家。他曾长年与穷困与疾病苦斗。因成就巨大被牛津大学和都柏林大学授予博士学位。他最重要的著述有《英语辞典》、《莎士比亚戏剧集》、《英国诗人传》等。弥尔顿（John Milton，1608－1674）是莎士比亚之后英国最著名的诗人。约翰逊对弥尔顿《莱西达斯》的评价即见于《英国诗人传》。——译注。

③ 这是依照斯特恩《意义》46 页上的说法。——原注。

④ 英语俚语，称破旧车船。——译注。

⑤ 我提问过一班学生，其中只有一个人知道 hot-bed（温床）是什么，虽然他们全都懂得这个短语的意思。——原注。

⑥ 常常有人认为，这说明使用这些语言的民族在智力上的某种落后性。然而我们完全可以做出相反的结论。例如我不知道松树、枞树、云杉和落叶松的区别，就把这些树笼统地归为一类“圣诞树”。这能否证明我比熟悉此中细微差别的大自然爱好者在智力上更胜一筹呢？说实在的，各种辨析和区分与其说是智力落后，不如说是出于实际需要。一个骆驼买卖人用他的四千个术语去做生意，比起我们用一个术语，会有效得多。——原注。

⑦ 艾利斯在顿底（苏格兰城名）记录到一个事实：公鸡母鸡都叫作 hen。——原注。译者按：hen 在标准英语里只指母鸡。这种把雌雄动物分别用不同的词来表示而少用甚或不用（亦即缺乏）雌雄通名的现象，在欧洲语言中并不罕见。汉语的“鸡”是个通名；雌雄动物专名用灵活的复合词（公鸡、母鸡）而不另外用单独的词根（cock、hen）。“牛”亦然（牛？公牛 ox、母牛 cow）。

⑧ 当然，这种意义的扩展决定于文明的发展。关于语言和文化的关系，参见下文第八章。——原注。

⑨ 舒哈尔特认为 trouver 源出 turbare（拉丁语“搅乱”，引申为“查找”

等)。但这样说,有些语音上的困难未能解决。——原注。

译者按:舒哈尔特(H. Schuchardt,1842－1927),一译舒哈特,是奥地利语言学家;他和《词与物》杂志主编梅林格(R. Meringer)均为“词与物学派”的重要成员。他们反对新语法学派关于语音演变定律的绝对化观点,主张从语义方面研究词的历史(由词及文化的传播可以考察语言的传播);他还注重个人语言风格,认为个人言语受到模仿就会传播开来。(参见岑麒祥《语言学史概要》第十二章。)舒哈尔特很早就提出语言地理变异的理论并指出语言之间的融合现象。(他的思想直接影响了其学生、法国的吉叶宏;后者成为著名的方言地理学家。)德国学者施密特(Johannes Schmidt,1843－1901)更系统地提出了语言演化的“波浪理论”。关于梅林格,参看第八章注①。

⑩ 拉丁语 capitale 一词包含词根 cap-(头),因而可指牲畜。又:关于 pecus、Vieh、fee(畜群、畜产、费用)等,可参见 189 页和 195 页。——译注。

⑪ 在英语中,动词 to man(配备人员)是从名词 man(人、男人)来的。按字面意思,这里的“配备船员”也可以说是“配备男人”。——译注。

⑫ 这个 shepherd 原为名词(“牧羊人”);做动词用时,首先指的是“牧羊”。后来又指放牧牛马,并发展出“照料、引领”等意思。比较古汉语中的类似表述:“王左右有牧民之长”(管理民众的长官);“刘备入成都,自领益州牧”(自封为益州刺史)。——译注。

⑬ 参见上文关于 horn(角,号)的论述。注意:比喻的理解和比喻的创造涉及不同的心理过程,但二者亦存在一定的联系。——译注。

⑭ 1921 年 4 月 15 日(星期五)英国劳工运动发起的总罢工被镇压下去。——译注。

⑮ 这个用语其实是由于误解希腊语词 nekromanteion 而造成的。原词是“死者的神托”(死人通过巫师传话给他的亲人之类)的意思,其中 nekro-(死尸)被混同于拉丁语 niger(黑色)的派生形式,以致 necromancy(原词的拉丁语拼法)讹作 negromancy(‘黑色的魔术’)。——原注。

⑯ 照字面意思 green with envy 是“由于嫉妒而面容发青”;white-livered直译是“肝白”。不妨比较一下汉语的“眼红”和“胆寒”。——译注。

⑰ 比喻可大别为隐喻(metaphor)和转喻(metonymy)两类。隐喻是基于二物的相似性(similarity),转喻是基于二物的相邻性(contiguity)。此处

举的比喻用例是转喻;而用相似性为解,失之笼统,并不准确。当代的认知语言学对隐喻和转喻的构成、运作及认知心理机制都有精到而深入的探讨和阐释。——译注。

⑱　斯特恩的“适合”(adequation)好像就是指这种情况,虽然他奇怪地把这个过程划归意义(sense)变化的类型。在讨论从“(动物的)角”到“(乐器的)号”这个变化时他说“意义经历了一个适合过程,即适合于现在人们认为是所指对象所具有的那种主要特征的过程。”但是这整个过程一定不是在一个说话人脑子中发生的。变迁过程是一种长时间的发展过程,如果不是一代人把语言知识传给下一代人,人们就无法理解这个过程。这种所谓适合似乎无非是不同的语言“条件反射”;那些后来学说话的人,于新的惯用法在语言中频繁出现时,是会得到这种条件反射的。比如,如果一个小孩子主要是在和乐器相联系的情况下听到 horn(号)这个词,那么这个词就会完全同“汤匙”、“小刀”、“笛子”等词一样,作为普通名词而被他所理解。——原注。

⑲　包含在街名中的英语词 gate(例如:highgate 高街),本义也是“巷”、“路”;它源出古挪威语 gata,和德语的 Gasse(狭巷)有关。切勿把这个词混淆于另一个词 gate(大门),那是源出古英语的 geat;其相应的古挪威语词是 gat,意为“开口处”。——原注。

⑳　今按:此词在当代英语中并不常用,更常见的还是 chemise。这两个词都出自法语。——译注。

㉑　按:sick 这个词在美国主要指“生病”,在英国主要指“恶心,要呕吐”。——译注。

㉒　“贬义化”过程和比喻的陈旧化正是一样的。这是一种“适合”现象。既然一个孩子把婉辞当作正常的日用词语而学会了它,那么在他的语言系统中,这个词语就直接指那令人不愉快的对象;它是赤裸裸的,没有披着比喻的外衣。——原注。

㉓　此处原书出 vilain 一词,未说是英语词还是法语词。疑误。按法语,vilain 是形容词“可鄙的,下流的”;做名词是“(中世纪的)农民”。按英语,应拼作 villain,是名词“坏人,恶棍”。考 vil(l)ain 来自拉丁语 villein(隶属于庄园的家奴)。而 villein 一词仍见于现代英语(“隶农”),与古义正合。故此处即以 villain 校正原文的 vilain,做英语名词论。——译注。

㉔ 按:maid 有二义:(1)少女(又作 maiden);(2)女仆(= maid servant)。现在英语中说到少女只用 maiden(但老处女还叫作 old maid)。德语中与 maid 和 maiden 相当的词是 Magd 和 Mädchen。——译注。

㉕ 在各种语言变化中,必须把原动力和作为条件的环境区别开来。在上述例子中,原动力是说话人想达到经济省力的欲望;作为条件的环境是上下文、试图实行简缩时所处的情景,以及说话人和听话人的个人语言系统。——原注。

㉖ 卢库鲁斯(Lucius Licinius Lucullus,约前 117 - 58 或 56),罗马将军,历任营造官和执政官。曾抗击外敌入侵,又曾攻占亚美尼亚。——译注。

㉗ 时在 1252 年。但一说 florin 这个词源出拉丁语 florem(花),因为钱币上有百合花的图案。在英王爱德华三世的时候,florin 是金币,价值六先令。1849 年以后转指银币,价值二先令。——译注。

㉘ 不妨比较来自中国事物的名称。南京出紫花棉布(nankin,nankeen)。按:nakins 可指用这种棉布所制作的长裤。此外,该词还可指一种白底蓝花的细瓷器(Nankeen)。注意:瓷器的英语通用名 china 来自 chinaware('中国器皿')之省称。有人竟谓中国之名 China 来自瓷器 china(说反了!),而瓷器 china 又源自江西的瓷城昌南 Changnan。这是无知妄说。——译注。

㉙ 桑威奇伯爵(4th Earl of Sandwich[Sandwich 是英国肯特郡中古名城]),本名 John Montagu(1718 - 1792),继承其祖父(曾任英国海军总司令)的爵位,美国独立战争期间任英国海军大臣。他鼓励库克船长的海外探险;后来库克用该伯爵的称号命名北太平洋的桑威奇群岛(即夏威夷群岛)。麦克阿当(John L. McAdam,1756 - 1836),苏格兰工程师,现代公路铺路技术的发明者。威灵顿公爵(First Duke of Wellington),本名 Arthur Wellesley(1769 - 1852),生长于爱尔兰并曾任其国会议员。最后曾位至英国首相。他最著名的功劳是两度击败拿破仑(第二次系在滑铁卢与普鲁士军队联手)。以他的称号命名的长靴可以说成 wellingtons 或 wellington boots。伏特(Count Alessandro Volta,1745 - 1827),意大利物理学家。——译注。

㉚ 弗农(Edward Vernon,1684 - 1757),英国海军上将。其绰号来自他喜穿的披风由一种纹路很粗的丝毛混纺布料(grosgram)做成。按:grosgram 来自法语 gros grain(粗纹)。此处原文及脚注均不准确;今正之。——译注。

㉛　今按:此词源于拉丁语动词 tegō(覆盖)。该词实未死亡。现在它仍有"官服"义,如 the toga of a judge(法官袍);在美国英语中它甚至可以转指公职(尤其是参议员),比如可说 seek a toga(谋求当参议员)。—— 译注。

㉜　参看下文第七章,那里有对同音现象的进一步例证。——原注。译者按:此处所谓冠词作为区别标志是指:le miel(蜜,阳性[冠词为 le])、la mielle(乌鸫,阴性[冠词为 la])。在这些地区,la mielle 没有变成 le mielle。又:blackbird 在欧亚大陆都指乌鸫(*Turdus Merula*);旧译习惯指为画眉鸟,不确。在美洲,blackbird 指雀形目拟黄鹂科的鸟(如红翅黑雀和红胸黑雀)。

㉝　按:bloody 常用为咒骂的口头禅,相当于汉语的"臭"什么、"破"什么,或"该死的"什么。——译注。

㉞　在粗俗话中,ass 可以指屁股。——译注。

㉟　把一种语言看作某一时期的一个完整体系的研究方法称为"共时"的(synchron[ist]ic)方法,与此相对的是历史的或"历时"的(diachron[ist]ic)思路。——原注。

㊱　现代法语的 chef 系从 caput 的通俗拉丁语形式 capu 发展而来。——原注。

第六章　文字

在前面各章中我们对语言及其问题的关注建立在语言是有意义的声音系统这个事实之上。现在我们必须从一个新的角度对这个题目做一番探讨。一个值得注意的事实是：在一个文明社会中，不论是主动的还是被动的语言行为（即不论是语言的表达还是语言的理解），都可以在完全不用语音的情况下进行。在本书中作者用其语言行为来影响读者亦即诸位的思想，但是双方并不像我们在前面的探讨中所假定的那样有着口耳授受的接触。代之而来的是：作者在纸上写下一些记号；读者看到这些记号，从视觉印象中解释作者的意思。但是我们仍然把这种做法称作语言（linguistic）行为；而书本（或者毋宁说是书本的内容）则构成语言（linguistic）物质，虽然从未要求舌头（lingua）发过一个音。①

我们实行这种交流和解释的能力，同样是基于幼年时的训练。我们在费力地学会了组成母语的听觉符号之后，接着又不得不去习得一个新的符号系统。我们的头脑在图画书、字母盒、粉笔和石板等复杂的教学设备之训练下得到了一个印象：事实上某些复杂的图形指向着特定的声音。换言之，我们被强行把我们的语言知识付诸一种语言分析以便认识到：我们的说话可以化为一系列很容易分辨的声音，而这些声音可以由视觉符号来代表。

这种文字系统和由它造成的另一种方式的语言行为，引发了一系列新的问题。要探讨这些问题，我们必须首先考虑一下文字和语言之间、视觉印象和听觉印象之间这种惊人的配合是怎么形成的。我们必须追溯文字（字母）的历史。

图形象征化的最初的、最原始的阶段是图画文字。一个多少有点复杂的事件，被作为一个整体画出来，但是并未对这个事件做语言分析或描述。图九可以说明这一点。它是一份著名的埃及文件的一个部分。这个复杂图形的底部拉扁了的椭圆形代表土地；从上面长着的纸草可以进一步认出这片土地是纸草的土地，即尼罗河三角洲。附在土地上的人头代表那块土地上的居民。鹰象征国王；他用绳子牵着人头，这表示他征服了那块土地并把那里的居民降为俘虏。必须强调：这种类型的图画表征与概念或事件的**语言**表达极少关系或毫无关系。图中没有体现可以用来同从语句中分析出来的词相对应之发音。尽管如此，事件必须用象征化手段来表现这一事实本身，刺激着头脑去进行分析。因为象征化意味着图式化，即要在错综复杂的事件中选择最有意义的因素和时刻。这样的分析构成了文字发展的下一个阶段。图画现在不是作为一个整体来反映一个复杂事件，而是用来表示一个单独的意念或物体。人们把这种东西称为**表意**圣书字。图十是从这种符号体系中

图　九

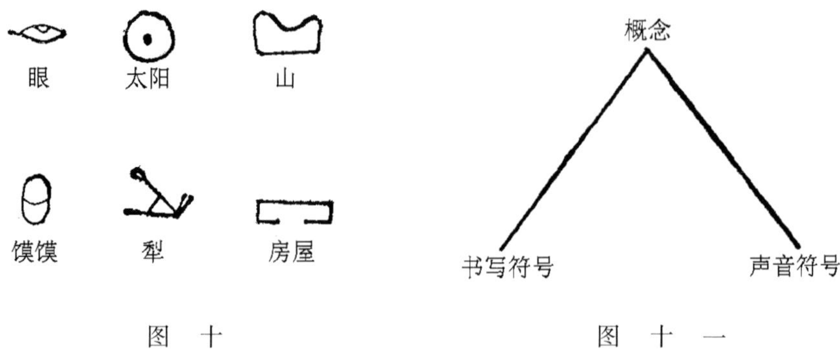

图　十　　　　　　图　十　一

选出的几个符号。在此仍然必须强调一个事实：在这个阶段，图形符号直接表示概念。它还没有和语言的声音符号——词发生联系。事实上，这个阶段的文字和言语仍然是两套独立的表征概念之符号系统。这个事实可以用图十一的图解来表示。当三角形的第三边完成，即当图形符号不是用来代表概念而是用来代表相应的词之声音时，文字史上最有意义的一步就迈出去了。[2]这时的文字便不再是一个表意系统，而是一个表音系统了。假定在一个表意系统中我们有两个符号，一个  代表 man（人），一个  代表 age（年龄）；在新的系统中这两个符号将只代表两组语音 man 和 age，以至把它们联结起来我们就能表示 manage（办理）一词。后来在技术上更进了一步，即拿图画来代表的不是整个词的音，而只是那个词的第一个音节。见于塞浦路斯和日本的那种所谓音节字母，很可能就是这样发展起来的。当符号（这时它是词的速写画）用于表示词的第一个音的时候，文字就最后达到字母阶段了。这称为"截头表音"（acrophonic）原则。

进行这个初步观察之后，现在可以探讨我们自己所用的字母

之问题了。西欧各国的文字系统源出罗马人，而罗马人又是从希腊人那里学来的。希腊人自己相信，他们的字母得归功于闪米特族的腓尼基人。这些人来自推罗和西顿这些城市，从事商业活动，远至英伦三岛沿岸。然而直到最近一些年之前，还没有人能成功地把闪族文字（腓尼基文是其中一种）和埃及象形文字系统联系起来。但在1916年，杰出的英国埃及学家伽丁纳（A. Gardiner）成功地释读了在西奈半岛发现的某些铭刻。这些铭刻正是两种文字系统之间已经失去了的中间环节。那些符号和古埃及的圣书字相似，而且也像后者那样可以横写或竖写，可以从左到右或从右到左。图十二不加解说就足以表明这样一个事实：西奈符号的形状是以埃及文字为范本的，而它们又酷似最古的闪族文字。唯一的难点是，它们具有不同的音值。后来这个疑团一下子解开了；人们认识到：闪族符号的名称指明西奈符号描画的实物；也就是说，西奈符号表示埃及象形文字所代表的实物之闪族称呼。这只能意味着：一个说闪米特语言的民族采用了埃及文字，但是让它表示自己语言中相应的词。按照截头表音原则，这些符号被用于代表闪语词的第一个音；这样就发展出一套字母来了。附表（图十二）显示了A、D、K、R四个字母的全部历史（到早期希腊字母阶段为止）。

有了字母，我们似乎已经用既简单又合用的办法解决了言语的书面表现问题。如果比较一下字母系统和音节字母（在文字发展史上它是字母的前身），这一点就会看得很清楚。如果一种语言有5个元音，则必须用各自独立的符号去表示每个辅音和每个元音的组合。例如pa、pe、pi、po、pu这些语音组合，每个组合都得用单独的符号去表示。[3]这样一来，如果这种语言里有16个辅音，那么

埃及文	西奈文书	闪族多种文字	早期希腊文	希腊字母名称	闪族字母名称	闪族名称意义
		MOABITE STONE		ἄλφα	‘ALF	牛
				δέλτα	DELT	门
				κάππα	KAF	曲掌
				μῦ	MEM	水
				ῥῶ	ROSH	头

图　十　二

要表示它们和5个元音的组合就需要用一个包含80个符号的音节字母表。如果用音素字母制，则根据一音一符的原则，16个符号再加5个符号就足以执行同样的任务。有了这个发明，文字似乎已经达到完美无缺的地步了。但是就英国语言来说，愤慨的外国人和头昏脑涨的小学生会理直气壮地问：为什么这种文字和读音的一致性不再存在了？为什么要让黄金时代跑掉？这就触及言语和文字之间的基本分别问题。书面语言的发展，与口头语言的发展相比受着大不相同的条件之制约。书写这种行动，以及视觉和听觉符号的不同记忆条件（见第三章）使得书面语言具有较大的稳定性和更顽固的保守性。反之，口头语言通过“语言流变”的过程，在不知不觉中发生变迁。如果文字保持不变，经过一段时间后语言的书面形式和口头形式就会完全脱节。现代希腊就存在这种实际情况。旅游者在那儿发现：在和本地人交谈时，报纸上退化的古代雅典语没有一点用处。英语的情况也正相同。我们为什么要在light（光）、right（右）、sight（眼光）等词中写上gh呢？答案是：

现代英语的拼写法代表15世纪的读音；当时gh用来表示一个硬腭摩擦音[ç]，该音在低地苏格兰语中还照样发出来，在相应的德语词如licht（光）中也可以听到。自从那时候以来，英语的拼写基本上保持不变；而读音业已经历了如此深刻的变化，以致言语和文字的联系已经几乎被切断了。爱尔兰语的情况还要糟得多。在那里saoghal = sil，而oidhche = i。这样我们简直可以说，一个人可以笔下写"牛津"而嘴里念成"剑桥"。这种拼写困难对于某几类人来说是如此巨大，以致过去每隔一段时间就有人大声疾呼要实行拼法改革。但是有几种考虑会阻止轻率的行动。[4]中国存在同样的问题；人们催促政府废除他们自己那种麻烦的写字法，而采用西欧的字母形式。一位杰出的汉学家在这个问题上的想法和我们英国的问题颇有关系。下面我把它引用出来，并稍加解释和增补。[5]

> 在中国，一如在古埃及，文字不过是一种线条化了的、简化了的图画系统。就是说，视觉符号直接表示概念，而不是通过口头的词再去表示概念。这就意味着，书面语言并非总是受制于口头语言的各种变迁和变异。它意味着：一个学生学了4000来个视觉符号（据说足够日常应用了）之后，四千年的文献就立刻展现在他面前了。他没有学习中古汉语和上古汉语的负担；也没有学习古希腊文献之学生所碰到的那种复杂的方言问题。后者要想欣赏荷马、莎芙、希罗多德、德摩斯梯尼的作品就要学习多种方言。[6]再者，虽然中国的不同地方说着互相听不懂的方言，但是不管哪个省的人，只要是有文化的都能马上看懂用古代文字写的一个布告。然而我们听说：要是广州人把它念出来，

> 那声音对说北京话的人根本不能传达任何意思。所以，汉字是中国通用的唯一交际工具；唯其如此，它是中国文化的脊梁。如果中国人屈从西方国家的再三要求，引进一种字母文字，充其量不过为小学生（和欧洲人）省出一两年学习时间。但是为了这点微小的收获，中国人就会失掉他们对持续和发展了四千年的文化典籍之继承权。再者，用北京话写的文件在其他地方就会读不懂。中国的统一，正如所有行政区域的统一那样，完全依靠一种共同交际手段的存在（见下章）。这项事业迄今为止一直通过全国普遍通用的文字这个媒介来进行。如果把它废除了，从哪里找得出一种能代替它的"通语"？高本汉说得好："如果中国不废除自己的特殊文字而采用我们的拼音文字，那并非出于任何愚蠢的或顽固的保守性。……中国人扔掉汉字之日，就是他们放弃自己的文化基础之时。"

对于英语的文字问题，这个警告也有用。语言研究者首先注意到：任何革新了的拼法都会在五十年后又成为过时的东西。其次，我们该用什么正字法来翻印英国文学名著呢？把一些照现代语音拼写的字词赖到莎士比亚头上，那就是掺假。然而如果我们在这些著作中保留原来的拼法，只在现代文章中应用现代正字法并在小学里教这种正字法，那么对于那些没有时间和耐性学习旧正字法的人来说英国文学的书就无法打开。对于那些已经学会读 lite 的人来说，旧的 light 就会像德文的 licht 一样古怪。传统的正字法就像中国文字那样，是把从 15 世纪以来的英国文学联成一个统一体的一根纽带。拼法现代化的任何足效的举措，都会向博学者以外的所有人锁起英国文学的大门。

除了学起来困难之外，言语和文字之间的不正常关系还引起了深刻的语言后果。从儿时起我们就得到一个印象：一套字母是一个语音系统。我们学会了把一定的字形和一定的声音联系起来。缺乏良好教育的人就老是抱着这种对文字的幼稚态度。他们怎么说就怎么写，而且经常见字怎么认读就怎么说。这就是言语和文字互相作用的两个方面。我们现在就要来探讨这个问题。

对于死去的语言，我们只能从文字知道它的语音；我们必须从书写的异文中推求语音的发展。在这方面，缺乏良好教育的人那种怎么发音就怎么书写的倾向倒帮了我们的忙。在通俗希腊语文献中，我们发现 ει、η、ι 三个字母是混用不分的。由此我们可以推导出一个事实：这些符号一度代表过的那些音已经不再有区别了；因为符号不能交换使用，除非它们的音值相同。这个结论在参照现代希腊语进行研究时得到了证实：我们发现这三个符号现在的读音都是[i]。同样，在拉丁语中我们观察到：s 或 f 之前的 n 经常失落，例如把 censor（监察官）拼作“cesor”，把 consul（执政官）拼作“cosul”。反之，在不需要的地方又常常放进去一个 n；例如把 thesaurus（库房，财宝）拼作“thensaurus”，把 formosus（华美）拼作“formonsus”。由此我们能够推导出一个事实：在这些情况下那 n 已经不读音了。实际上它成了一个“哑字母”。我经常在学生作文中观察到“deceipt”和“receit”之类的错误。这些错误就是哑音“p”造成的。同样，像“whight”、“fite”、“sighn”这样的拼法会告诉将来的语言学家 gh 在这些词中的音值。⑦

我们从大量的例子中发现，拼写形式对那些甚至受过良好教

育的人之读音也发生了影响。例如 author[ˈɔːθə](作者)一词源出法语 auteur,归根结底是从拉丁语 auctor 来的;所以把中间的辅音读为摩擦音[θ]并没有正当理由。这个音有个很特别的来源。在拉丁语中,把许多包含一个送气辅音的希腊语词转写成或带送气符号 h,或不带送气符号。例如:māchanā(机器)或者转写成 macina,或者转写成 machina;而 theātron(戏院)或转写成 teatro,或转写成 theatro——两种拼法的读音是一样的。[⑧]后来,这种拼法游移不定的理由再也无人知晓;人们想象在任何清爆破音后写上一个送气符号都是允许的。所以我们发现:像 praeco(传命者)、centurio(百夫长)这样的纯粹的拉丁语词竟被写成"praechones"、"centhuriones"。这种不加分别地使用送气符号的做法,在抄写员的书法中辗转相传;以致法语词 auteur(作者)到了英语就写成 author,正是这个拼法的影响产生了该词的现代读法。英语词 fault(过失)也有类似的历史。许多像 calm(宁静)、talk(谈话)那样的英语词(在某些方言中,甚至像 milk"牛奶"那样的词),里头的-l-已经不再读音了。但这个-l-却在没有正当理由的情况下插入一些词里,就像上文说过的其他哑字母那样。例如我们经常听到的苏格兰姓"Chalmers",只是 Chambers 的一个异体字,虽然不知底细的南方人读出-l-的音。英语中许多法语借词的读音由于正字法的多事而遭到了损害。fault 源出法语的 faute,在中古英语里同时写作 faute 和 faulte。蒲伯显然还按正确的读音([fɔːt])去读这个词,因为他让这个词和 thought[θɔːt](思想)、wrought[rɔːt](工作)押韵。但是现代受过教育之人的读音([fɔːlt])却被那个寄生-l-误导了。Realm([relm]领域,王国)一词也遭受了同样的命运;它是从古法语 reaume 来的,在中古英语里它甚至曾经直接依照法文写作 reaume 呢。[9] 如果考虑到这种情况,我们就应该停止嘲笑那些在[keɪf]里点菜要[ˈbiːfstiːk]的粗人了。但这种附庸风雅的做法往往会做过头的。[10]

把两个元音之间的齿(龈)爆破音发成 r,是某些方言的一个特点。例如"what's the matter?"(怎么回事?)听上去是"woz a mara?"这无疑是可以指责的。但是语言纯粹主义的热情必须用知识武装起来。在牧场(paddock)大摇大摆的绅士淑女中,有多少人知道他们自己犯了双重粗俗(即摆臭架子的粗俗和无知的粗俗)之过错?实际上 paddock 这个词源出盎格鲁-撒克逊语的"pearroc"(园地,围场[德语作Pferch]),在中古英语里拼作 parrock。乡绅们从仆人口中听到这个词,以为它是粗俗话,就给自己造了个新拼式(paddock)。[11] 但奇怪的是,他们却心安理得地吃"porage"做早餐;这个词正是同一种粗俗语音的例子,正确的拼法当然是"potage"。据此(用-r-之法),我们还可以指望把 pediment(山墙)在这些审美家嘴上恢复为 periment 了。[12] 这些词的历史正好作为方言及其与标准语斗争之历史的引子;那是下一章的主题。

附　注

① 拉丁语 lingua 是"舌头",但也有"语言"的意思。在意大利语中仍原封不动地保存着这个词;法语拼作 langue。英语的 language(语言)和 linguistics(语言学)两个术语来自法语,它们当然是同源词。(英语的 tongue 也有"舌头"、"语言"两个意义;说到底,这个词和 lingua 也是同源词;历史语言学家认为,它们都出自同一个原始形式 *dingua。)　——译注。

② 那些就我关于语言的定义(第一章注①)可能提出的异议,我可以利

用现在这个机会轻易地把它们驳回。对于批评我的定义没有给“书面语言”一个地位的学者们，我要回答说：文字在其开始阶段只能比喻性地称为“语言”。它是处于上面我们讨论过的邮票和花朵那样一个阶段的符号系统。但当文字变成语音的符号（即三角形的第三边完成）的时候，这些视觉符号只在它们指示语音符号时才有意义，从而符合我们的定义。——原注。

③ 例如在日语中，这几个音节的相应符号是ぱ，ぺ，ぴ，ぽ，ぷ。日语的辅音（做声母用的）有 k，s，t，n，h，m，j，l，w 九个，元音有 a，i，u，e，o 五个。表示辅音和元音组合而成的 45 个音节就要用 45 个假名（音节字母）；加上五个元音自成音节的 5 个假名，共得 50 个假名：是为“五十音图”（日语字母表）。注意：h 行的声母本来是 p，现在分化为 p 和 h 两类；p 类用附加小圆圈来表示（例如 ha 是は，pa 是ぱ）。又浊音 g，z，d 并无单独的符号，只是在 k，s，t 三行假名上加两点来表示，即 ka（か）、sa（さ）、ta（た）；ga（が）、za（ざ）、da（だ）。所以假名实际上不止 50 个。日语中唯一的音素（音位）符号是鼻韵尾[N]（ん），不在“五十音”之内。——译注。

④ 英语拼法改革在 19 世纪后期起成为一个运动。到 1870 年时英国语文学会承揽此事，在其会刊登载各种讨论，一大批名人如艾利斯（A. J. Ellis）、斯维特（H. Sweet）等及先后任《牛津英语大辞典》主编的弗尼瓦尔（F. J. Furnivall）和默里（Sir James Murray）也都卷入其中。1883 年美国语文学会响应英国语文学会，共同拟出新拼法的一份清单。美国早在 1876 年就成立了拼法改革协会。1898 年全美教育协会正式接受了 program 等新词形 12 个。1906 年在加内基捐助下成立了美国简化拼写理事会，其工作得到了（第 26 任）总统罗斯福的赞同。但反对的人也很多。30 年代后该理事会的活动就中止了。英国在 1908 年也成立了简化拼写学会。1949 年该学会向英国国会提交了分三阶段实施拼写改革的方案。此方案被微弱多数否决。1953 年又提案审议，事实上通过了第一阶段（先在小学试用，五年后废除旧拼法）的方案；但最终因教育大臣反对而撤案！大作家萧伯纳（1856－1950）在其遗嘱中捐资指定公共信托机构出版他的“英国字母”；但此方案像速记符号，一般人岂能适应。此外，瑞典学者查克里松（R. E. Zachrisson）和维依克（Axel Wijk）从使英语成为国际语之目标出发而制订的新拼法都曾受到好评。英国简化拼写学会 1940 年的方案也曾广为传播。然而这些方案无一获得成功。

[参看 Baugh & Cable《英语史》(伦敦 1993；北京 2001)之 231 节和 D. Crystal《剑桥语言百科全书》(剑桥 1997，北京 2002)之 217 - 219 页。]

再说俄语。虽然“十月革命”后苏联已经实行过一次拼写改革，1940 - 1954 年间苏联科学院又提出过四次改革草案，1956 年第五次草案获得通过。然而语音原则(怎么读就怎么写)和形态原则(不管读音变化而维持词素或形位不变)还存在许多矛盾不能统一起来；所以在实践中就产生许多问题。《俄语教学》杂志 1962 年发表了一个统计数字：中小学有 30% 的学生尚未学好俄语拼写就毕业了，有 40% - 45% 的学生勉强及格。该杂志发起的拼法讨论共收到 200 多篇论文和来信。在此次讨论的基础上，苏联科学院俄语拼写法改革委员会提出了几条新拼写的建议(第一条是取消硬音符号 ъ 而代之以软音符号 ь)。以上情况，中国社会科学院《语言学资料》1965 年第 4 期做了介绍。但后来，这项改革并未实行。

法语拼法改革在 20 世纪时起时落。1985 年和 1986 年有五万人参加拼写比赛，结果并不美妙：117 名决赛选手平均错误达 7 个之多。据说一般成年人在一页听写中会有 20 个错误。1988 年一项调查显示 90% 的中小学教师主张改革正字法。有学者指出法文比英文多用 25% 的印刷符号。1989 年 2 月十位语言学家联名发表文章提议法文现代化；6 月政府总理罗卡尔亲自召集该委员会讨论具体方案，还成立了专家委员会作为顾问机构。1990 年 4 月，改革修正案经法兰西学院词典委员会讨论通过；5 月提交法兰西学院表决并获通过。加拿大魁北克和比利时的法语权威机构也都表示同意。12 月该方案(包括整个工作过程的说明)在《法兰西共和国公报》发表。但在这个行政文件公布前后，反对和谴责之声四起！法兰西学院表决那天没有出席的院士也不认可表决结果。这个行政文件本来准备由《国民教育通报》发布而在法律上生效；总理也已敦请教育部长采取必要措施使方案在 1991 年秋季后在各小学实施。但在强大的反对声浪面前，这件事最后竟然功败垂成，就此搁浅了。(参见《国外语言学》1991 年第 3 期李秀琴的有关文章。)

此外，1996 年德语国家和地区签署了协议进行德语拼法改革：决定最迟于 1998 年启用新正字法，自 2005 年起完全取代旧正字法。本来 17 世纪已有学者致力于德语书写规范化；但现实情况依旧繁杂混乱。语言学家格林参照中古高地德语提出正字法规则，结果酿成大乱。1901 年确认杜登“德语正字法大全"为标准词典。但至70年代人们又提出过至少十多个改革方案。1996年前后，围绕着这次新的改革，社会上产生了很大的争议。反对者认为这个改革是多此一举，甚至上诉它侵犯公民个人权利！（参见《国外语言学》1997年第4期华宗德、华蓉的有关文章。）——译注。

⑤ 见高本汉《中国的语言和文字》，牛津1923年版。——原注。译者按：高本汉（Bernhard Karlgren，1889－1978）是瑞典汉学家，在中国语言文字和文化研究方面著述宏富而多创见。他对汉字改革的见解代表大多数旧一代西方汉学家的看法。今按：汉字改革是一项极其艰巨的事业；但长期以来不但论证不足，实行中也有问题。汉字字数越来越多，是世界文字史上绝无仅有的事；这被认为是汉人"愚笨"的表现，但其中也有不得已的苦衷。不过，这总是不能听之任之的。而汉字笔画繁多，认记和书写不便，也是汉字的一大缺点甚至"罪状"。近代中国闭关积弱，备受侵略欺凌；这激发了许多维新革命人士的思想，有时它会走向极端：中国之落后要归咎于教育之落后，而教育之落后又要归咎于文字之落后——"汉字不废，中国必亡！"因此，国内革新派人士的要求、外国人学习汉语的需要、一些汉学家的建议，合力推动了汉字改革运动。它的主要目标是把汉字简化和把汉字拉丁化；这两项任务尤其是后一项，又必须借助于普通话的推广。中华人民共和国成立后，政府公布了标准的简化汉字作为正式字体。但群众还在简化另一些字；于是1977年政府又公布过第二批简化字方案，但次年旋即收回作废。因为显然文字系统必须相对稳定，不能无休止地简化下去。至于汉字认记和书写方面的困难，过去是把认记的困难夸大了。其实经过一段艰苦的学习而识字之后，汉文阅读并不全比西文阅读低效。书写困难确实是大一些，但在计算机时代汉字录入和排版也出现了转机。那"与国际接轨"的一劳永逸的拉丁化动议，现在已被慎重搁置。此事做起来技术问题（如分词连写和同音字区分）困难太大，还要冒着断送文化传统的风险；只好把它留待将来再从长计议了。——译注。

⑥ "中古汉语"和"上古汉语"主要指当时的字音。注意：汉字虽然表音不精，但表现形位（morpheme）很明确且其稳定性可超越时空限制。所以人们即使不懂古音也可依已识之字而读懂古书之大意。荷马（Homer），约生于公元前9世纪的吟游盲诗人，希腊古代两大史诗的整理者。莎芙（Sappho，一译萨福），公元前7世纪晚期女抒情诗人。希罗多德（Herodotus，前484？－

425?),历史学家,曾漫游四方;有记希波战争的巨著《历史》存世。以上三人生(活)于小亚细亚。德摩斯梯尼(Demosthenes,前 384 - 322),生于雅典的演说家、政治家。他曾发动雅典反对马其顿强权的斗争。关于诸作家的方言,参看信德麟《拉丁语和希腊语》(外研社 2007)之 313 - 319 节。——译注。

⑦　注意:"deceipt"应作 deceit(欺骗),但名词作 deception。而"receit"本作 receipt(收据)[p 不发音],名词为 reception(接受)[p 发音]。乱写的"whight"应作 white(白色),"fite"应作 fight(打仗),"sighn"应作 sign(信号);gh 不读音。——译注。

⑧　注意:h 是表示送气的符号(国际音标也如此),不像现代英语 ch 和 th 中的 h 那样与其前面的字母结合来表示一个与之迥异的音。——译注。

⑨　Fault、realm 等拼法是学究们造成的。他们造出这些拼法并不是要去代表实际读音,而只是指明这些词的拉丁词源,即 falita(它又源出 fallere)、regalimen(它又源出 regalis)等词。这种做法的一个特别愚蠢的例子是 doubt [daut](怀疑)。那里插进一个 b 是为了指明它和拉丁语词 dubitare(怀疑)的联系,虽然早在古法语中就已经拼写为 doute。关于现代的"拼写读音"(spelling pronunciation,照拼写而误读),请参看沃德(I. C. Ward)《英语语音学》(Heffer 版),那里有一个详细的表。——原注。译者按:此处提及的蒲伯(Alexander Pope,1688 - 1744),是英国近代大诗人;以其用韵之例证明 fault 里的 l 不读音,很有说服力。汉语音韵学更是广泛利用韵文材料来考音。

⑩　借自法语的 café(酒吧间)一词,按法国读法为[kafe],英国化读法可以读作[ˈkæfeɪ];但有人以为按英语"开音节"读法通则词末的 e 是不发音的,因而读成[keif]。"牛排"(beefsteak)的读音应为[ˈbiːfˈsteɪk];但 ea 这个字母组合的最常见读法为[iː],所以有人读错。——译注。

⑪　新的拼法指现在使用的 paddock。乡绅们造出这个拼式是因为他们认定:"下等人"把两个元音之间的舌尖齿(龈)爆破音 d 错发成 r 了。其实仆人们根本没有说错;"牧场"本来应该是 parrock。——译注。

⑫　按:"porage"一般拼作 porridge(粥);"potage"一般拼作 pottage,后者源出古法语 potage(汤)。故 porridge 是 pottage 之讹。然而现在这两个词形已各有所指:porridge 指麦片粥,pottage 指浓汤(今罕用)。至于 pediment(山墙,门顶等的三角形装饰)一词,在 17 世纪时拼作 periment。有人认为这个词是从pyramid(金字塔)演变来的。——译注。

第七章　语言地理

关于言语与文字之间种种关系的讨论，引出了一连串新的语言学问题。上面谈到过，语音定律陈述的是特定的语音在特定语言中的演变。例如，我们说：印欧语中的 * pətēr 这个词演变成了英语词 father（父亲）。然而，father 这个词又是什么呢？这个词印在书页上，每一个讲英语的人看了都懂得它的意思；但是，把这个视觉符号念出声音，各人的发音出入却很大。文字只是外形一致，而在英国各个地区的读音却都不相同。因此，从语音学的观点来看，并不存在着一个单纯的英语词 father；存在的只是一串有关联的语音符号。正是出于这样的考虑，人们才提出一种解决语言学问题的新途径。就语音定律之不可违背性展开的争论，促使人们去调查乡村中各种活的方言，以检验自己的理论。在那里能够研究自然状态中的言语，避免了转写成文字时注定带来的失真和过分简化。这场方言调查运动的种子最早播在德国，果实却结在法国。在法国那里，吉叶宏（J. Gilliéron）在自己的合作者爱德蒙（E. Edmont）的帮助下，对高卢-罗曼语地区的土话进行了调查。他们拟定了一张含有大约两千个词和句子的调查表，包括语音、词汇和句法方面的要点。然后爱德蒙走遍法国各地，在分布于全国的大约六百五十个点上记录了当地方言中与调查表内容相应的单

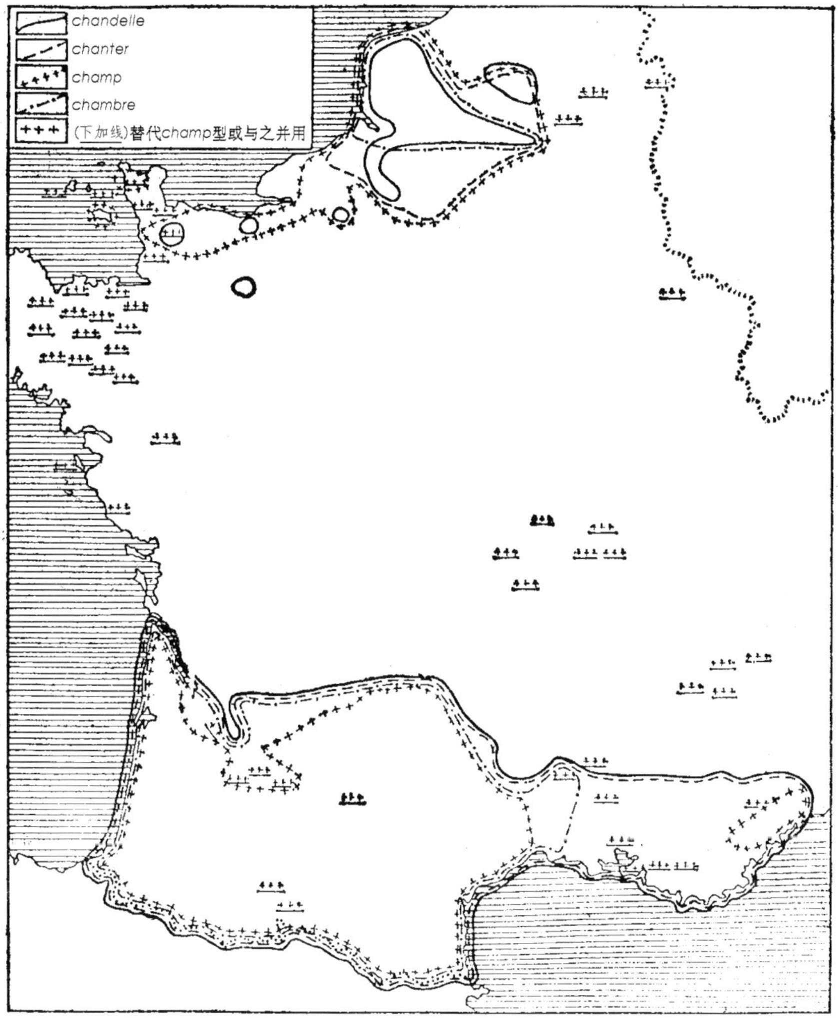

图　十　三

词和句子。表中每一个项目都配上一幅地图，在图中的各个方言点上逐一标明各个方言中对应的单词和句子，从而一眼就能看出各种现象在高卢-罗曼语地区内的分布情况。把这些地图重合起

来就可以对各种现象的分布情况进行比较。[1]就语音定律展开的争论,促使人们去绘制了这些地图。这是迄今发现的最有收获的语言研究方法。

首先,我们必须根据方言地理学提供的材料来判断语音定律问题。乍一看,这些方言地图好像给了新语法学派的信条一个狠狠的打击。因为似乎没有两个词的语音演变是完全相同的。图十三就是一个例子。从图中可以看出以[k]音开头、后接元音 a 的拉丁词在法语中的演变。在标准法语中,这个[k]音通常变成[ʃ](例如 caldum>chaud 冷),但是北部和南部的某些方言却保存了这个[k]音。在方言地图上画一条线,圈入语音变化相同的所有地点。这种线称为同言线。图十三是重合 chandelle(<candela 烛)、chanter(<cantare 唱歌)、champ(<campum 田)、chambre(<camera 房间)四个词的地图而绘制成的一幅综合地图。可以看出,词首的[k](后跟 a)在法国中部整整齐齐地变成了 ch。而北部和南部却把[k]保存了下来,但四个词的同言线并不完全吻合。这就是说:在[k]界和 ch-界邻接地区的一些方言中,语音变化因词而异。因此,对那些方言很难谈论严整的语音定律。这种方言研究的体验导致吉叶宏等人否定语音定律信条的真实性,指责那样探讨语言问题的思路是人为的、不会有结果的。在讨论这个问题以前,我们不妨谈一个使方言调查者伤脑筋的问题:这就是方言疆界的问题。

明确方言的定义并且划定方言之间的疆界这件事一直使许多语言学家感到困惑。方言之间要有多大的差别才算是变成了不同的语言呢?一些罗曼语言学者指出:意大利北部的方言一点一点地融合进法国南部的方言之中,并且一点一点地渐变为法国北部

的方言。他们认为无法划定一条方言疆界，就像无法在光谱上明确标出黄橙两色的交界线一样。看来方言地图为这种观点撑了腰；因为各条同言线很少相互吻合来形成一条划分各方言的明确界线，而是似乎各行其道、互不相干。

“存在不存在方言疆界？”研究方言地理学所提供的资料导致学者们对这个问题做出了否定的回答。但是，这个问题本身就提得不够明确，甚至可以说是提得荒谬。它实际上包含着两个问题，说得更确切些，包含着三个问题。第一个问题是：“方言之间有没有差别？”回答显然是肯定的。第二个问题是：“会不会两种方言有许多共同特点，或者有大多数共同特点，以至于能归为一组？”这种可能性当然存在，但这并不是必然的。事实上，各国条件互不相同，下面我们比较德法两国时就会认识到这一点。不过有无许多共同的特点并不影响方言的划分。确定一种方言的标准是那种方言本身特征的总和。任何一点差别都会使得那种方言区别于邻近的方言。一种方言同在自己南方和在自己北方的方言有一些共同的特征，并不掩盖这一事实：它与南北方言都不相同。所以，方言之间显然总是能够互相区别开来的。但是，由此我们碰到了第三个问题。在地图上标绘出众多言语形式的地理分布完全是另外一个问题。事实上，“存在不存在方言疆界？”这个问题是荒谬的。如果把这个问题用确切的方式提出来，它的荒谬之处就更加清楚了。在提出“方言疆界是什么？”这样一个问题时，我们的意思是：“我们能不能在地图上画一条线，用以区别并且划分两种或两种以上形式的言语？”但是，言语形式不是像城镇、河流和山峦那样在物质世界有着固定地点的有形物体。提出上述问题的人忘记了这样一条

自明之理:词语和句子仅仅是人类的行为,离开了说出词语和句子的人,词语和句子也就不可能存在。世界上没有方言这样的事物,而只有讲方言的人。[②]于是,应该这样来提出问题:"讲方言的人有没有疆界?"这样,剥去这个问题伪科学的外衣,它的荒谬之处就全部暴露出来了。如果像我这样一个说盎格鲁-凯尔特(Anglo-Celtic)方言的人移居到曼彻斯特,这就涉及方言疆界的改变。当然,大规模地进行这种远距离迁徙是十分罕见的;人口的大多数还是稳定在比较狭小的范围之内。不过,即使是在原始的交通条件下,人们也还是在不断地移动。一个农民会去市场赶集,与四面八方来的人谈话和做生意。他也许娶远村的女子为妻,她带来她本村的方言。虽然她的方言渐渐为夫家的方言所同化,但是她对孩子和邻里仍会有一些影响,使村中个别的人的语言产生一些细微的变化。所谓方言疆界就是以这种方式不断地变化和游动。这是社会交际和人们住处不稳定的自然结果。因此,事情本身的性质决定了方言之间不可能有明确的界线。现在,我们可以回过头来讨论语音定律了。图十三清楚地显示:有几个地区被一束束的线环绕着,由此与其他地区隔开。在这样的地区里,语音变化是有规律的。只是在缓冲地带才出现混乱现象。但是,这样的事实并不能打破新语法学派提出的关于语音定律不可违背性的原理。因为他们也曾估计到方言之间有可能相互混合、相互借用,从而使语音定律出现某些明显的例外情况。[③]方言地理学所做的工作只不过是证明了这种相互借用的次数之多、程度之深,远远超出大家的意料之外。在这个问题上,只要引用一位杰出的方言地理学家的话就够了:"我们不相信,新语法学派用严谨的方法建造起来的牢固大厦会遭到方言地理学的严重破坏。”

前面谈了确定方言之间的差异与区别问题；现在我们可以转而讨论如何解释方言之间的相似之处。从方言地图中可以看出，各个语言现象都延展到一个周围有同言线环绕的确定区域。不同语言现象的疆界常常相互吻合；这种成束的同言线划出了一个个地区，每个地区里边的诸方言有着种种共同的特点。这就是所谓方言群的图示。这并不是说一个方言群中各种方言的一切重要特征都完全相同，也并非排除了这个方言群与不属于该方言群的某一方言有某些共同特点的可能性。尽管如此，在一束同言线内还是存在着明显的一致性。我们的任务就是要说明这种一致性产生的过程和原因。

这种方言区的存在提出了两个相互补充的问题：(一)“产生一定地区内言语一致性的环境和条件是什么？”(二)“阻止某一种言语形式扩展并限制其范围的障碍有着什么样的性质？”我们先来回答第一个问题：一定地区内方言之间或大或小的一致性是怎么产生的？在第一章里，我们讨论了语言不断演变的趋向。个人依靠自己的记忆来发出语音符号，想到的只是花最小的力气在听话人身上收到预期的效果。因此，个人的言语特别容易受到语言漂移的影响而发生变化。这种个人的离心趋向如果不加以制止，就会导致混乱无主，使得人们无法相互了解。但是，与此相对的有一种语言社群的整合力量。因此可以预料：在任何社群中，语言的一致性直接随着社会交往的密切程度而发生变动，因为频繁的社会交际能够消除个人言语的特殊之处。做买卖也好，举行宗教的或者世俗的节日活动也好，或者只是进行行政管理也好——只要有

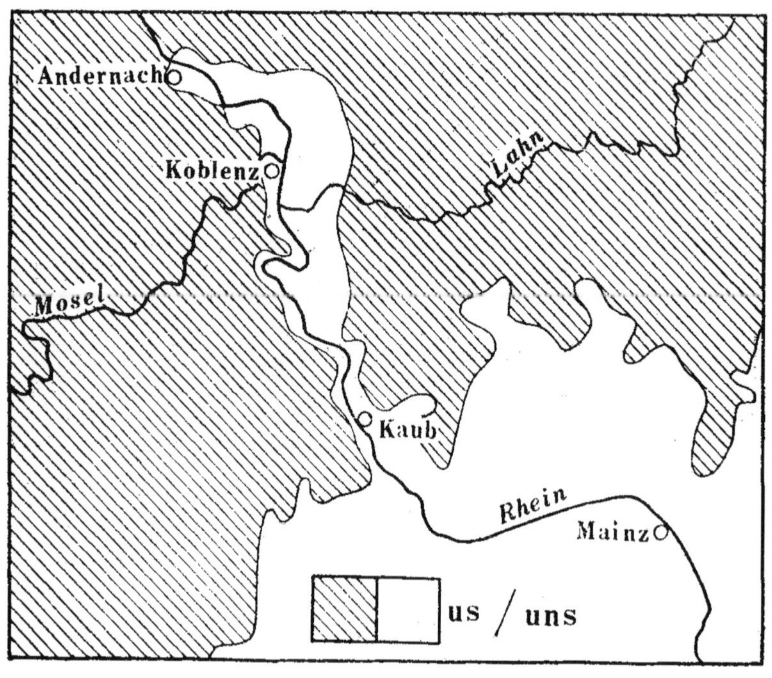

图 十 四

一个人们能经常聚会的社会活动中心，那儿就存在着一种一致化的力量，表现在那个地区的文化现象上，尤其是在那个地区的言语上。另一方面，正像隐居的人因为不会受到别人的批评、也没有仿效的榜样，所以行动举止会变得怪僻一样，处于隔绝状态的社群在语言上也会有不同于其他社群的地方。现在我们来看看方言地理学怎样帮助说明社会交际与言语分化之间的这种关系。

首先考虑便利的交通对言语形式传播之促进作用。各个国家的方言地理调查表明：言语形式沿着河谷、要道这样的交通路线传播距离最远，速度最快。图十四展示了标准德语词 uns（“我们”的与格和对格形式）及其异体的分布情况。这个 uns 在低地德语

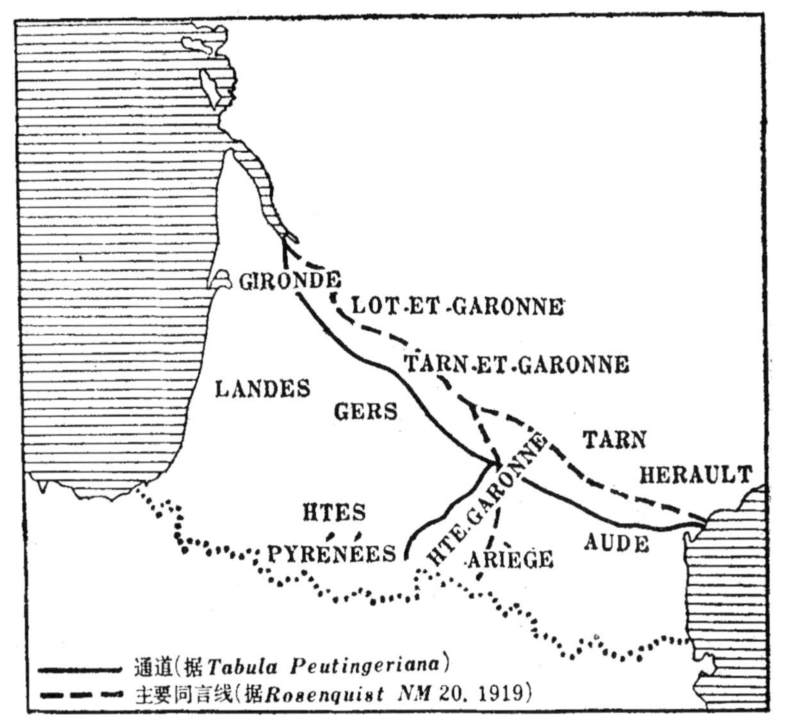

图　十　五

(Low German)中同在英语中一样脱落了字母 n。从这幅地图上可以清楚地看出 uns 这一形式是如何从南方向外传播并沿着莱茵河谷这条自然通道深入到 us 地区的。从图十五中可以看出，在法国南部沿着连接地中海和大西洋的古老商路有一串重要的同言线，甚至在这条商路上出现岔路的地方也有随之分叉的同言线伴随。这个例子清楚地表明了语言变化沿着交通路线前进，并且沿着交通路线向两侧传播。言语像疾病一样，在接触最密切、来往最频繁的地区流传得最快。我从艾利斯的《早期英语发音》一书中摘引了一段引人注目的话，用以概括我们的论点。它揭示出言语形式的扩散传播对于人们交际的依赖程度。接受艾利斯调查的人在谈到老科恩山谷(Old Colne Valley,其地在 Burnley 的北东北 6 英里)的方言时写道:他小时候“有机会在过去称作潘特尔-特罗奥登森林(Pendle and Trawden Forests)的地方,听到住在山腰上小农舍里使用手织机的织工们的说话”。在他离开那里的二十年中,“由于安装纺织厂机器的技工和在彭宁山脉(Pennine Chain)上过来过去的工人们的影响,原来的方言完全变了,变成了一种杂种约克郡话。”

现在我们可以研究与此相对的问题——孤立状态如何会使得言语对上述的言语感染具有免疫力。孤立并不一定就意味着处在遥远的地方,尽管距离遥远也常常是一个重要的因素(这一点我们将在以后谈到)。某种言语形式在传播中遇到的障碍,实际上就是人们在社会交际中遇到的障碍。这种障碍往往是人为的,第一次世界大战以后的政治生活就充分地说明了这一点。让我们来依次研究现代方言疆界成因的几种可能。直到不久以前,各种各样的新出理论中最为人们广泛接受的一种,是认为现代方言分布的基础是古时的部落区分。例如,在德国,长期以来都是根据过去的部落把方言归入弗兰肯尼亚(Franconian)、阿勒曼尼(Alemannic)、萨克森(Saxon)等几群。这种做法以下面的设想为根据:部落迁徙时代的言语差别一直持续到现在,而它们之间的疆界也始终是大致固定的。但是,首先有人指出:“部落”无论在人种上,还是在语言上都不是纯一的。举个例子:征服不列颠岛的盎格鲁和撒克逊人当中,就伴随着朱特人(Jutes)、弗里西亚人(Frisians)和绥维亚人(Suevians)等。此外,语言现在的一致并不能证明它从过去

到现在一直都是一致的。例如,在西里西亚(Silesia[按,今大部分属于波兰])定居的人当中,有来自德国南部的,有来自德国中部的,也有来自德国北部的。现在,这个地区的方言中虽然夹杂着上述三个地方语言中的一些成分,但整个地区的方言大体上是一致的。因此,我们只能得出这样的结论:过去的部落分别对于确定现代方言的界线没有什么意义。[4]

单纯的地形障碍对于语言情况的影响小得出人意料。图十四表明:河流在更多的情况下起着交通路线的作用,而不是交通障碍;因此河流并不总是同方言疆界相吻合。有些地方,河流同方言疆界是吻合的;这主要是由于河流形成了政治上的疆界,而政治上的分疆划界应该认为是方言分界的原因。[5]所有的地形特征都应该这样看待。它们决定了交通的便利与否,为政治区域和行政区域提供了自然的界线;因而它们是方言分布和划界的间接原因。但是,如果行政区域超越了自然地形的界线,那么对于方言的历史发展起着主要作用的就是行政区域。例如我们知道:比利牛斯山脉(Pyrenees)与语言疆界是吻合的,而布朗峰(Mont Blanc)则并非如此。

上面我们讨论了语言形式的传播途径以及在传播过程中所遇到的障碍。我们还没有考虑过这样一个问题:操某一种特定方言的人为什么爱上了某些新的言语形式?这似乎主要是个语言威信的问题——借用新词指称马铃薯、咖啡等新引进的物品这种现象暂时撇开不管(见第八章)。我们英国人对于表明社会阶层的方言差别特别敏感。萧伯纳甚至说:任何一个英国人只要一开口,不是招来有些同胞的憎恨,就是受到有些同胞的鄙视。[6]受过教育的伦敦人所讲的话在17世纪获得了宫廷语言的地位，现在每一个受过教育的英国人都讲这种话，只是各人有些微不足道的差别。这种现象在现代其他任何一个欧洲国家都是没有的；但是，它只不过是说明一种普遍现象的极端例子而已。实际上，它仅仅是从一方面表现出人们的一种强烈欲望——赶上和模仿那些他们认为比自己高一等的人。小资产阶级盲目屈从、全盘模仿上层阶级的习惯、举止和风尚。上层社会的时髦逐渐渗透到里巷小市民中间。在所有已经建立了文化和行政中心的国家，语言发展的历史都是相同的。古希腊的每个城市都是独立的立法和行政单位，都讲自己特有的方言。后来，城邦被废弃，亚历山大和他的继承人统一了希腊世界。为了满足行政的需要，一种新的通用语言发展起来了；它去掉了阿提卡语（Attic）中一切难懂的地方特点，可使各个地区的每一个国民都能听懂。这种语言称为"通语"（*koine*），即"官话"。它取代了各种古老的方言，使它们归于消亡。希腊世界分裂以后，各地不相往来；这个通语就演化成了现代希腊的各种方言（有一种方言例外）。意大利也是这种情况。在早期的意大利半岛，拉丁语只是拉提乌姆（Latium）地区的方言，尤其是罗马城的方言。意大利其他城市和地区都讲不同的语言：如奥斯卡语、翁布里亚语（两种语言都同拉丁语有亲缘关系）、埃特鲁斯卡语（Etruscan）、希腊语等等。罗马统治整个意大利成了行政中心后，它先强迫意大利采用拉丁语，最后强迫整个罗马帝国都使用拉丁语；结果，在西班牙、高卢、雷提亚（Raetia，大部在今瑞士）和达契亚（Dacia，罗马尼亚本部）各地，人们都讲一种相当一致的通俗拉丁语。中央政府由于蛮族入侵而崩溃以后，各个行省所讲的拉丁语独自演化成了现代罗曼语族的葡萄牙语、西班牙语、法语、雷托-罗曼语(Rhaeto-Romance)[7]、罗马尼亚语(Roumanian)等等。

方言地图就是语言世界内这一过程的缩影。方言地图明明白白地显示词语如何从文化和行政中心向四周传播,显示标准语如何逐渐取代农村的土话(patois)。低地苏格兰语中没有复元音化现象(diphthongization),由此区别于标准英语;低地德语的特点也是这样,没有复元音化现象,由此区别于高地德语。图十六标示的是 hus/haus 两种形式的分布情况。从中可以看出,柏林以及紧靠着它的周围地区虽然实际上处于低地德语区,但是这个地区流行的还是标准德语中的复元音化读音。英国迄今还没有方言地图;但是赖特(J. Wright)《英语方言词典》前言中的下面这段话说明英国也有同样的现象。赖特在谈到收集伦敦四周 25 英里范围内的方言材料时说道:"这些地区的方言已经混杂到不可收拾的地步了;它们现在对语言研究几乎毫无用处。"[8]

图　十　六

文化中心不仅影响到紧靠着它的周围地区,而且还影响到任何与它有交际的地点和区域。现在,大城镇之间的交往要比这些城镇与乡村之间的交往密切得多。因此,言语形式仿佛是越过乡村从一个城镇跳跃到另一个城镇。从法国的方言地图上可以看

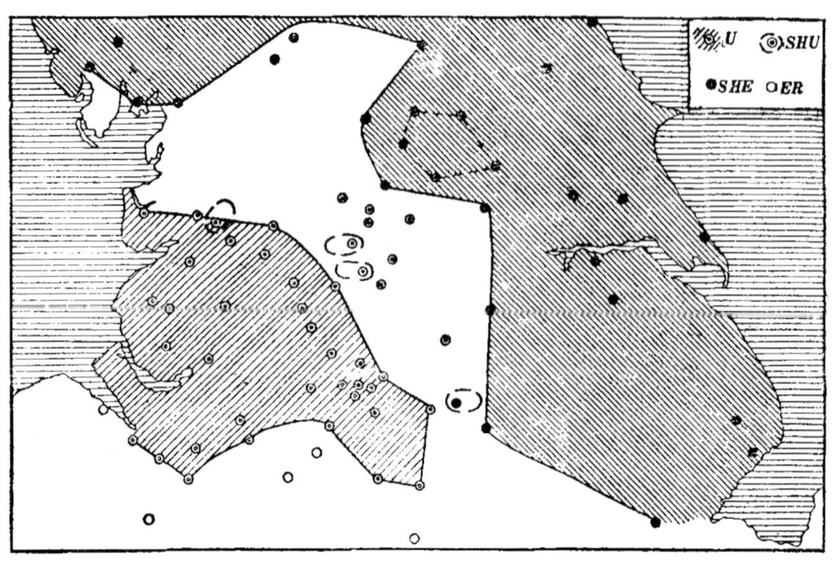

图 十 七

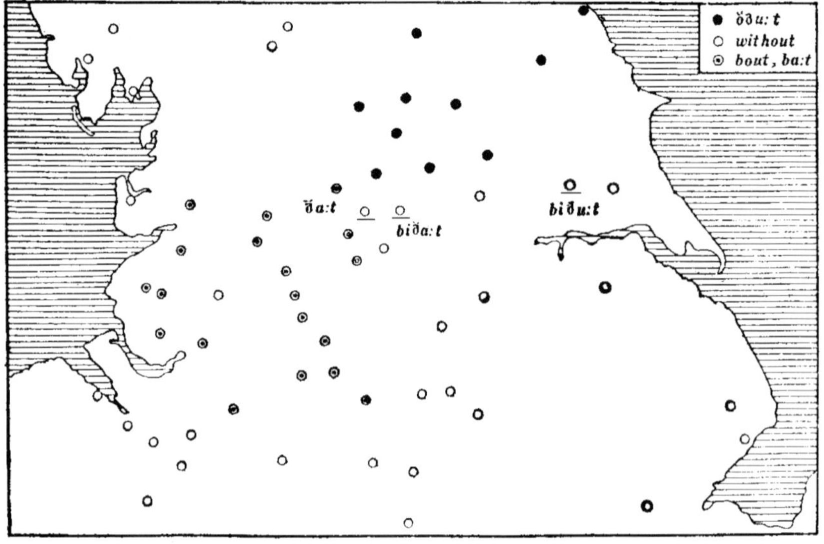

图 十 八

出，巴黎方言先是流传到波尔多、里昂、马赛这样的城市，然后这种标准语的形式再以这些城镇为中心传播到它们周围的地区。

方言地理学所阐明的现象中，最有趣的也许要算是在两种或两种以上方言会合的地区发生的现象。在这样的缓冲地区，居民通常都会说两种方言，结果他们想说的话常常有两种语言的表达形式。这种现象通过一种心理作用（前面有一章论及这一点）产生了感染错合形式（contamination），其常见程度远远超出书面语言研究者的推测之外。从图十七、图十八中可以看出 she 和 without 在英格兰北部的分布情况。She 常常以 u 的形式出现（盎格鲁-撒克逊语作 heo）。在使用 u 的地区和使用 she 的地区之交合地带，我们发现了一个明显的错合形式 shu。[9] 熟悉《在伊尔克列荒野》（*On Ilkley Moor*）这首歌的人都知道，约克郡人把 without 说成 bout。方言地图表明，在方言与标准语冲突的地区出现了 bithout 这种形式。

说方言的人对于邻近方言的特点十分敏感，这一点似乎是没有疑问的。据艾利斯记载：费尔德（Fylde，在 Preston 的北西北 13 英里）那里的人曾经造出“ai m baun daun th taun to bai a raund paund a butə”（我要进城去买一整磅奶油）这样一句话来取笑到布莱克普尔（Blackpool）的南兰开夏（South Lancashire）人，指摘他们把自己的双元音[au]全发成了[aː]，即把上面那句话说成“aːm guin daːn t taːn t bai ə raːnd paːnd a buːtə”。但是，这种自动的语音替换并不总是能产生预期的效果。兰开夏方言同标准英语的差别在于 much、but 这类词中的 u 读音不同（标准英语读[mʌtʃ]，而兰开夏话读[mutʃ]，其他类推）；这就成了游艺场中许多逗趣节目的笑料来源。在学讲标准英语时,兰开夏人把自己方言中所有的 u 都读成[ʌ],结果造成了把[ˈbʊtʃə](butcher 屠夫、肉贩)读成[bʌtʃə]这样的大笑话。这种矫枉过正的形式,语言学上称为“错误复归”(false regression)。在所有国家里,每当人们学着说另外一种方言的时候,这种现象都屡见不鲜。柏林方言最显著的特征之一,就是把许多词中的 g 读成 j。“Ik habe eene jute jebratene Jans jejessen”[10]这句有名的话就是用来挖苦柏林方言这个特点的。柏林人在学讲标准德语时要把 j 换成 g;但是他们往往做过了头,说出 ein guter Gunge(一个好青年[应为 Junge])这样的词语。再有,德国的低地方言和高地方言的区别在于爆破音的所谓语音移转(sound shift)。例如:tal(数目)在高地德语中变成了 Zahl,而 tam(驯良)变成了 zahm。说低地德语的人意识到这种 t/z 的对应(按:字母 z 读破擦音[tsʻ]);而他们在学着说高地德语的时候往往犯下可笑的错误——把 Teller(盘子)念成 Zeller 就是一个大家熟悉的例子。标准英语中的一些词形也同样是由于误读而产生的。在粗俗的发音中,爆破音前的 n 往往被略去不读;按这种口音 Birmingham(伯明翰)就被说成了 Brummagem 这个样子。为了免于粗俗之嫌,人们往往在并不需要加 n 的地方也插进一个 n;所以 messenger(信使)、passenger(乘客)、scavenger(清道夫)等等词形就这样产生了。这些词的正确拼式可以从对应的法语词 messager、passager、scavageour 上看出来。毫无疑问,假如我们继续对方言抱着害怕的心理,那么将来总有一天会把 skeleton(头骨)说成 skelinton,把 military(军事的)说成 milintary。

从前面几节可以明显看出:方言地理学这一套方法的重要之

处就在于说明言语形式在空间上的分布。决定语言接触的社会交际从根本上来说是在空间中进行的接触和运动。所以，言语像一切文化现象那样，为地理因素所决定并受到地理因素的限制。用传统语文学方法无法解决的问题往往只要从一个词的地理位置上就能找到答案。因此，吉叶宏在一系列著作中有办法清清楚楚地说明导致词的消亡之种种因素。法国的某些地方仍然使用拉丁词 gallus 的一个派生词来表示“公鸡”。邻近区域却没有这个词，人们用 vicaire 和 faisan 等词代替。在这些邻近区域里，按照当地方言中的语音定律，拉丁词 gallus（公鸡）和 cattus（猫）两词本来都要变成 gat；而这种同音现象是不能容许的，人们得另找一个词替代 gallus 和 cattus 两个词中的一个。当然，同音导致词的消亡并不是方言地理学的新发现（见前一章），但是方言地理学（为该规则）提供的直接证明却是前所未见的。十分显著的是：gallus 表示“公鸡”的地方四周有一条同言线，把这个地方同词末的 ll 变成 t 之区域隔开。在词末的 ll 变成 t 的那个区域 gallus 要变成 gat，而 cattus 和 gallus 会发生同音现象；结果，gallus 消失了。用杜查的话说，就是“猫儿咬死了公鸡”。上面提到，拉丁词 mulgere（挤奶）被 trahere 的一个派生词所替代；但是，法国南部却还保存着 mulgere 这个词。在北方方言中，按照正常的语音演化，mulgere 本该与 moudre（从 molere“磨碎”一词而来）同音；而这就是 mulgere 在北方方言区消失的原因。

最后再举一个例子说明这个原理。拉丁词 trabs（梁）只有几个残存形式散布在法国的方言中，语音形式是 trau。[11] 如果把标记该词之分布情况的地图同标记 trau（洞）之分布情况的地图重合起来，我们一眼就看出其中的因果关系；因为 trau（梁）的所有分布点（仅有一个例外）都在 trau（洞）的地区周围。[12] 在这两者的交界处有一个地方 trau（梁）和 trau（洞）两个词都用。这仅仅是个例外，它的作用正好用来进一步证实上述规则。在其他地方这两种形式都是相互排斥的。标记 trabs 的地图展开了方言地理学中最引人入胜的问题，即词汇地层学（word strati-graphy）的问题。如果我们掌握了意义相同的各个词之分布情况，我们面临的问题就是要说明这种分布情况如何产生。从图十九可以看出标记 poutre（椽）的地图所揭示的关于残存的 trabs 在法国之分布情况。这个词的几个使用地区连得较紧，包括靠近瑞士法语地区的法国东部——几乎整个萨瓦（Savoy）地区，以及东西横贯法国而向加龙河（Garonne）河口方向延伸的一条狭长地带。在法国最南端还有孤零零的一个点。这些分布点清楚地说明这个古老的词过去分布之范围比现在大得多。它们就像沉在水中的大陆露出水面的点点岛屿。换一个比方说，它们是暗藏的地层在地表的露头。“词汇地层学”这个术语就是在把它同地质现象做比较时得来的。标记 chevron（椽）、fenil（干草仓）、seuil（门槛）三个词的地图表明，许多中间地区都使用 trabs 的派生词指称“椽”、“干草仓”、“门槛”这些实物。这就证实了这样一个结论：这些中间地区过去也有 trabs 这个基本词存在，那些派生词都是从 trabs 演变而来的。这是一条证据，证明我们对这块暗藏地层之范围所做的推论是正确的。如果把这些中间地区都补上，那么我们根据 poutre 的地图所设想的那幅图就完整了。南端的那个分布点不再是孤零零的了；隆河（Rhone）河谷是入侵者前进的路线也一目了然。北端、西端和西

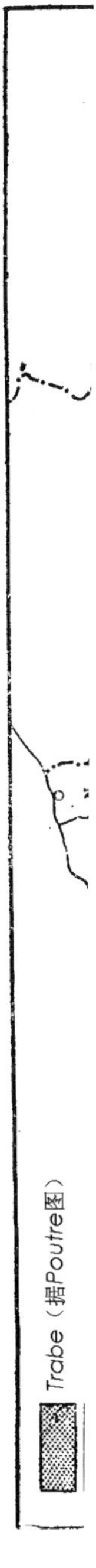

Trabe（据Poutre图）

几乎遍及整个法国中部和北部,并且正沿着隆河河谷向外延伸(图二十)。在最南方最常用的是一个从意大利北部闯进法国的词cavala。但最有趣的是直接从拉丁词equa演化而来的ègа这个形式,它的分布情况能告诉人们许多东西。这个词仅仅保存在中部高地的一小块地区,以及南部和阿尔卑斯山脉中的几个孤零零的地点。这些都是几乎无路可通、与外部世界断绝来往的地方。[13]正是这样环境下的方言比较古老、保守(见上文);这是可以预料到的。我们完全应该得出结论:这是一块最古老的地层。而cavala的分布情况也能告诉我们不少东西。它的主要使用地区在南方;除此以外,它在法国东部和北部还有相当大的使用地盘。所以我们可以得出结论:它的使用范围一度在这些地区之间连成一片;但是在从巴黎向四周传播的标准形式之压力下,它的使用范围就变得支离破碎了。

附　注

①　德国学者温克尔(G. Wenker)从1876年起就开始绘制第一部德语语言地图,1881年出版(参看L. Bloomfield《语言论》,北京2001年版340页)。其最终成果共有六卷(1926－1932)。接着法国学者吉叶宏(1854－1926)费时八载编成出版了《法国语言地图》(*ALF*)第一卷(1910年)。该书至1914年共出版35卷,1920年又出补遗一卷,成为当时世界上最大的方言地图集。(参看《语言学资料》1966年第2期廖东平、马一编译的"历史比较语言学和地域语言学"一文;又见《中国社会科学》1984年第6期伍铁平文《语言词汇的地理分布》[该文已收入其《比较词源研究》,上海外语教育出版社,2011]。)在中国,这方面的研究起步较晚;但现在我们也终于有了可观的成果:由中国社会科学院和澳大利亚人文科学院合作编纂、香港朗文(远东)有限公司出版(1987,1990)的中英文两种版本《中国语言地图集》(35幅彩色

地图)。该书图解的语言包括汉语和少数民族语言。就汉语而论,书中提出了一个全新的十大方言分类系统:北方方言、晋方言、徽州话、吴方言、闽方言、赣方言、客家方言、湘方言、粤方言、平话。——译注。

② 这当然是站在地理的角度上看问题。有关作为超个人实体的语言,见第九章。——原注。

③ 见前面(第三章)有关 popina 等等的论述。——原注。译者按:见本书 46 页。

④ 当然,这是针对德语方言而论的。以英语方言而论,虽然过去的区别现在已经有了很大的变化,但是几个主要的方言区与古时候几个王国的国土差不多仍然是一致的,而这些古王国大致起源于各个部落。英国的行政区划在很大程度上一直同古王国的国界一致,所以这也许是在方言的划分中真正起决定作用的因素。这一点对于研究方言史是十分重要的。但是,在英语方言地图绘制出来以前,还不能对这个问题做出判断。——原注。

⑤ 在这一点上,杜查(Dauzat,第 160 页)的意见是这样的:河流上面如果架有一些桥梁,而且便于通航,那就不会阻碍交通,从而也就不成为语言疆界;但是如果河面宽阔、桥梁稀少,那么河流就把两岸隔绝开来。例如,法国的罗瓦尔河(Loire)下游就是一条清楚的方言疆界。与此情况相似的有阿利埃河(Allier);直到 1830 年为止流经多姆山省(Puy-de-Dôme)的阿利埃河上还没有一座桥,这条河也就成了两个差别很大的方言区的分界线。——原注。

⑥ 萧伯纳指的是:平民憎恨"上等人"的语言,"上等人"鄙视平民的语言。——译注。

⑦ 雷托-罗曼语(一译雷提亚-罗曼语,又名 Rhaeto-Romanic)罗曼语族内一组有亲缘关系的语言,包括:罗曼什语(Romansh,使用人口约五万,分布在瑞士西南部,1937 年规定与德语、法语和意大利语同为瑞士国语)、拉定语(Ladin,人口约二万,分布在意大利 Tyrol 地区)、弗留利语(Friulian,人口约五十万,居住在意大利东北部 Friuli 地区)等。参看石立坚辑"雷托罗曼语"(《国外语言学》1985 年第 2 期),以及其他一些更近的资料。——译注。

⑧ 贬低英语方言地图价值的人往往提出这个论据。实际上,从来就不存在纯粹的方言。另外,零散的方言残存词语的分布情况,往往同内容较复杂的地图一样能告诉我们许多东西(见下面有关 trabs 的叙述)。——原注。

⑨ 在这个问题上，承蒙我的同事戈登教授提出下面的意见："Shu 不是个错合形式。如你所言：ho 代表了古英语的 heo（尽管演变过程不详）。而 shu 源出古英语阴性指示词 sīo，sēo，但重音有了移动（sēo>* sjō>shō；这个 shō 是整个北方中古英语的通用形式，虽然 she 也用）。而许多人则认为 she 是 shō 和 hē（它来自 hēo）的混合形式。但是 she 更有可能如《牛津英语大辞典》（*NED*）所说的那样是来自阴性指示词 sie 的交替形式。[先是 sie>* sjē；在大约 1225－1250 年间东中部地方（East Midland）的《创世记》和《出埃及记》中写作 sge。然后是* sjē>she。实际上，更早些时候在 1154 年左右的彼得伯勒（Peterborough）《编年史》中写作 scae。] She 虽然不是错合形式，但是或许因为它同两个地区所用的形式都有相似之处，所以就在这两个地区的缓冲地带流传了下来。18 世纪，苏格兰在用 she 的同时，仍然还在用 shoo，也许 shoo 这个词现在还在用。"可是据艾利斯的说法，整个苏格兰现今都在用 she；虽然他曾引用过的一个孤证是颇有启发性的：在孤立的奥克尼群岛（Orkneys）上 sheu 还在使用。整个问题要有待于英国学专家们做深入的研究才能得到解决。无论如何，单从方言地图上来看，shu 是德国和法国方言地理学家在各处发现的错合形式中之一个。见雅贝尔格的论述（K. Jaberg，*Arch. f. d. Stud. d. neuer. Sprach.* 119，98）。——原注。

⑩ 应为 Ich habe eine gute gebratene Gans gegessen（我吃了一只鲜美的烤鹅）。——译注。

⑪ 此处说法语方言词形是 trau，而地图上所标注的是 trabe；二者不一致。按：正文中讨论的主题是拉丁语词 trabs（梁）。从 trabs 固然可以演变出 trau；但 trabs 其实还有一个语法词形 trabes，由此演变为法语的 trabe（旗杆、锚杆）。此 trabe 和 chevron（椽）是同源异形词可一望而知。但是本段中存在不明确的问题：或者是地图上两处"trabe 的衍生词"标注有误，应作"trabs 的衍生词"；或者是正文的表述"法国的方言中，语音形式是 trau"应作"法国的方言中，语音形式是 trau 和 trabe"。疑未辨。——译注。

⑫ 也就是说，只是在另外有一个词如 creux 或者 pertuis 来表示"洞"的地区，才会出现 trau（梁）。如果要找更多的例子，可以看前引雅贝尔格的论述之第 86 页。我在写上面这一段时曾受惠于他的著作。——原注。

⑬ 古词 trabs 也保存在几乎相同的地区。——原注。

第八章　文化和语言

在第五章里曾经谈到：像罗马人穿的宽外袍(toga)这种文化物品的废弃，怎样最后导致表示该物品的词从语言中消失。现在我们要讨论一下，随着文化的发展同一个词在它历史过程中用于指称完全不同事物的情况。例如，pen(钢笔)一词，原来的意思是“羽毛”(拉丁语是penna)，一度只能严格地用来指称原始的鹅毛笔。然而，在笔的整个发展过程中这个词却保留了下来。结果，古词“羽毛”现已用来指称带有金属笔尖的写字工具了。这是一方面。反过来，分析现代pen这个词及其同表示“羽毛”那个词的关系，也可以帮助我们了解到早期的笔是个什么样子。语言史和文化史(“词与物”)[①]就是这样联系在一起而互相举证和互相说明的。本章专门讨论的就是文化与语言之间的这种关系。

印欧语言中有许多表示“墙壁”的词都具有“柳条制品”、“篱笆”这一基本含义，这是一个值得注意的事实。例如，德语的Wand(墙壁)和动词winden(缠绕，使互相盘绕)相关联，而winden这个动词在盎格鲁-撒克逊语中恰是用来表示造墙的，如：winden manigne smicerne wah的意思就是“编结起许多堵优质的墙来”。斯拉夫诸语言也有表明类似建筑的词。例如古斯拉夫语的plotu(篱笆)以及现代俄语的plotnik(木匠)，两个词都包含着存在于我们英语 plait(辫状物)一词中的词根。古代的作者们曾一再描述过这种编墙的技术。奥维德[②]"…et paries lento vimine textus erat(又用柳条编结他们的墙)"之说就能使人想起上面引述的那句盎格鲁-撒克逊语的话来。史前遗址的出土文物也揭示出了古代墙壁的形状;在许多陶器碎片上都发现了清晰的柳条制品之印迹。这就是那种被称为泥笆墙(wattle and daub)的建筑式样。这种墙壁以柳条制品为底子,上面涂上泥巴;或者以两个这样的柳条制品为框架,中间夯进泥土。[③]

还有另外一种原始建筑技术,罗马的维特鲁威[④]在论建筑的著作中曾对它做过如下的描述:"另一些人的造墙办法是用木板把泥块夹紧,让泥块晾干。"许多语言中表示墙壁的词都能使人想起这种建筑式样来。希腊语中表示墙壁的词是 teikhos。这个词根也见于意大利语,意义相同;我们英语的 dyke(堤坝)也具有这个词根。该词根的实际意思是"捏制或模压"。它的本义还保留在梵语中。[⑤]我们还可从拉丁语的 figulus(陶工)和及 fingo(制造;把…塑造成)这两个词里毫不费力地把它辨认出来(我们英语 fiction"小说、捏造的故事"就从动词 fingo 派生出来)。在日耳曼诸语言中,现代德语的 Teig(生面团)在语音和词义上同英语词 dough 完全对应,同原来的词义仍然十分接近。在古波斯语中,复合词 pairi-daeza(义为"有围墙的公园")也包含这个和墙壁有关的词根。该词经由希腊语和拉丁语传入英语,以 paradise(乐园、天堂)的形式出现。你看,英语词中除了能使人想起古代砌墙术的 dyke 之外,连 dough、paradise、fiction 等,竟都是由印欧语的一个"捏制"衍生而来!还有,拉丁语义为"教堂"的 domus(它衍生出德语的 Dom

"大教堂")和俄语义为"房屋"的 dom 两个词原本都是指圆木建筑(法);其中的词根也见于希腊语的 demo(建造)。而英语词 timber(建筑用木料)竟也使人再次找到这一词根;与之相应的德语词 Zimmer 义为房间。然而 Zimmermann 是木匠;而哥特语中与之同源的动词 timrjan 义为"建造",仍然十分接近于上面所引证的那个希腊语动词 demo。

另一个看起来有点神秘、但是可以帮助我们追溯到一种古老工艺的词是英语的 window(窗户),照字面讲是"通风眼"。"眼"这个词在许多语言里都是表示窗户的复合词之组成部分。例如,哥特语 auga-dauro 的意思就是"眼门"。盎格鲁-撒克逊语的 egþyrel,也是"眼孔"的意思。梵语中的 gavakṣa,义为"牛眼";而俄语的 okno,词根也和拉丁语的 oculus(小眼睛)相关联。对于这些形式,有人做出的解释是:最古老的房屋或是由柳条涂泥而成,或是用圆木建造。这两种结构的房屋,无论哪一种,要在上面开一扇方形的大窗户都是办不到的。在柳条编制的墙上,开一个四方的切口将很容易引起散架;对圆木房子来说,口子也只能设法开在两根木头的中间,方能避免其中任何一根因此而变得过分单薄。图二十一是圆木房屋内所开窗户的示意图,它清楚地显示了窗户和眼睛的相似。我们上面列举的(各种语言中)那些表示窗户的名称就是这样来的。

同样,历史帮助澄清了 Lade、Laden、laden、einladen 这一组德语词中各式各样词义之间的内在联系。动词 laden(装载)同盎格鲁-撒克逊语的 hladan(装载)以及斯拉夫语的 klada(放置)在语音上十分相近,因而它的词义是足够清楚的。名词 Lade,就其"抽屉"

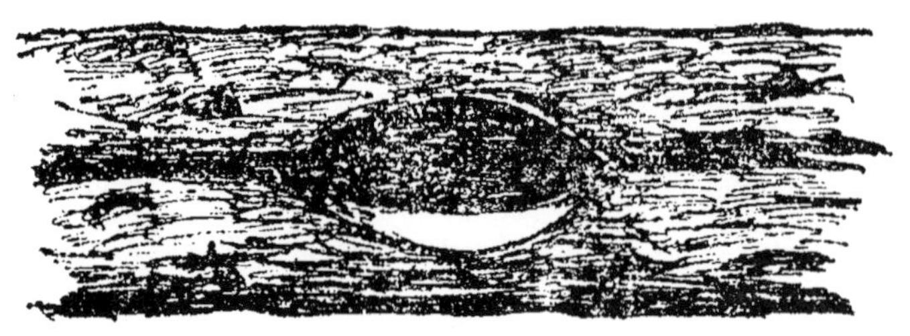

图 二 十 一

这一词义来说，也同古挪威语中词义为谷仓的 hlaða（相当于英语的 lath“板条”）相当接近，二者都具有 laden（存放）这一动词的基本含义：“存放处”。然而，Laden 怎么会有“商店”和“（窗板卷动式）百叶窗”的词义，要不是研究一下这些词所指实物的历史，就不大好解释了。原来，Lade 的本义是木板（比较英语的 lath）；在采用玻璃以前，一般都用它来做窗板。此外，在小贩的语言中，这个词还用来指称市场上的一种由两个支架撑着、上面陈列着商品的木板。这就是最原始的一种商店。Laden 的现代词义便是从这些早期意义发展而来的。

文化史的研究还澄清了 einladen（邀请）和 Vorladung（传唤，传票）二词的意义。传统的语词溯源没有研究文化史，论述常含混不清。梅林格援引过一个颇有启发意义的例子。他引用克鲁格（Kluge）之有关论述如下：“想了解日耳曼语词根 laþ 的词义，可比较哥特语的 laþons（安慰，赎买）和（副词）laþaleiko（非常高兴地），以及现代高地德语的 Luder（钓饵）。必须从‘亲切相待’、‘要求’这样的意念着手来考证 laþ 的词义；具有此义的词根 *lat 至今尚未在其他印欧语言发现过。”梅林格试图对该词的缘起做出解释。他注意到了一个颇为流行的风俗习惯，即在请求人们出席法庭诉讼时，是通过传递一块木牌来通知的。在波希米亚的某些地区（按：波希米亚今大部分属捷克），至今仍有挨家挨户传递“Gebot-brett”（告示牌）的习惯。这种告示牌由一块木板外加一个手柄做成（见图二十二），公告就粘贴或者钉在板上。由此可见，laden 是由名词 laþ 转化而成的动词，意思是“用（告示）木牌传唤（某人）”。这一用法和英语的“to blackball”（用黑球投票反对）以及“to ostracize”（[出自希腊语]用陶片投票法放逐）这类名词做动词的用法相仿。⑥因此可以认为：正是从 einladen 和 vorladen“传递木牌请求人们出席法庭”的这一古代用法发展出现代的“邀请”这个一般词义。

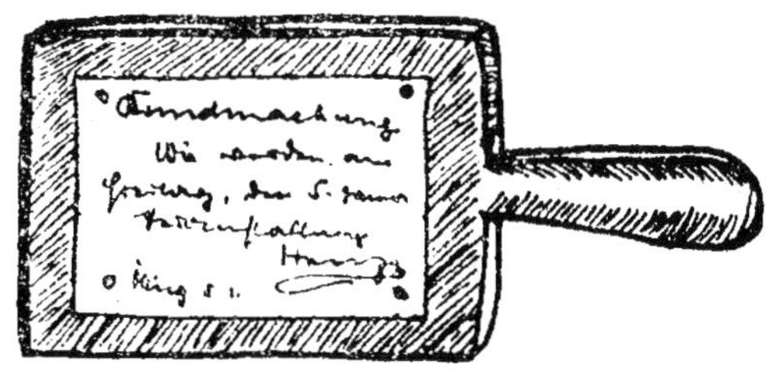

图二十二

另外关于英语词 pagan（“异教徒、非基督教徒”）的词源，那种顺着想当然思路做出的猜测，现在已被认定不能令人满意。不错，拉丁语 pagus 的词义是农村地区；paganus 是农村居民，但是这个词的现代意义“异教徒”是怎样发展出来的呢？我们得到的解释是：因为在城镇居民皈依基督教之后很长时间内，各种旧宗教仍然在农村地区继续存在。然而，如果追溯一下该词的历史，我们就能始终立足于事实的牢固土地上而不至于冒险去凭空想象。原来，paganus 一词是罗马士兵用来蔑视“老百姓”的称呼。早期的好斗的基督教徒自比为基督之战士；他们接过这个军队里的俚语，把那些尚未加入基督的队伍的人称为“老百姓”。

在所有的文化物品中，服装或许是最容易受时尚变化影响的

东西。在这方面，文化史同样也揭示了好些神秘的词源。例如，英语的 stocking（长筒袜）是 stock 的指小词；而后者的字面意思却是“残干”，即被截短之物（比较：trunk“树干”）。这种服装是如何取得这么个怪名字的呢？答案必须到服装史中去寻找；而要了解英国服装史，又离不开法国。罗曼语中最早用来表示裤子的词是从拉丁语 bracae 派生而来的。这是一个从日耳曼语借来的高卢语词，本义是“屁股”（比较：culotte“短裤”）。还是在公元 1 世纪的时候，一个名字叫作凯西拿（Caecina）的人因穿了长长的高卢裤招摇过市而使罗马舆论大为哗然。然而，这一式样很快就流行开来了，并且变得非常普遍。（与此相仿的现代例子是，几年以前一种被称为“牛津包”[Oxford bag]的奇异下衣也是这样为时尚所接受的。）以后罗马的服式又发生了变化，那种长裤变成了齐膝的短裤；这一服式又反过来为高卢居民所接受。穿这种短裤的人，双腿就用布裹腿裹着；这种式样至今还能在法国的部分地区见到。这种裹腿有时裹到脚，人们称之为“calceas”（法语 chausses）。这个词出现在墨洛温时代，[7] 在整个中世纪就用来指称长筒袜。以后，随着服式的不断改变，长筒袜越来越长，而裤子则越来越短。到 13－14 世纪之交，长筒袜终于延伸到了身躯部分而独立成为一种外衣——紧身外裤，原来的 bracae（外裤）则退居里层，成为短衬裤。一个世纪以后，紧身外裤亦即原来的 chausses 又分成（haut de）chausses[上裤]和 bas（de chausses）[下裤]两截，并分别简称为 chausses 和 bas。英语中相应的名称是 upper-stocks 和 nether-stocks，分别指称分为两截的外裤的上、下部分。后来，stock 一词保留下来指称那种外裤的下半部分，而作为其派生形式的 stocking(长筒袜)一词则一直沿用到了今天。说来也巧:trouser(裤子)一词如同 bracae 一样,也是一个凯尔特语的派生词。它是一个废词 trouse 的复数形式,trouse 又来源于爱尔兰语的 triubhas,即一种紧身的有时配有长筒袜的马裤。

前面曾指出:男用服装常会变成女用服装,女用服装也会变成男用服装。英语中和 shirt(衬衫)同源异形的 skirt(女裙)就是适例。而法语中的 jupe(女裙)有一段比这更复杂的历史。它对应于意大利语的 giubba 和西班牙语的 aljuba(内中含有闪语定冠词 al);后两个词比照下所显示的差别暗示着 jupe 来源于摩尔人或者阿拉伯人。它原来用于指称阿拉伯人穿的一种棉布服装。在巴勒斯坦的烈日下,十字军东征者乐于用它来代替原来穿的金属盔甲。就这样,这种服装传到了欧洲。在法国,jupe 现在已经为女性所独占;虽然如此,在历史上它却曾经用来指称一种男用服装,如同德语中的 Joppe(短上衣)至今仍指男用服装一样。英语词 jumper ([<jupe]女用针织套头上衣)看来也出自同一来源:这种外衣原来是水手穿的一种紧身上衣。它已经被我们的女同胞占用(作为套头上衣)了;现代男子要穿套头上衣只好以 pullover 为满足。

女内衣(chemise)也有一段类似的经历,即开始于兵营而结束于闺房。就我们所知,罗马人最初穿的内衣叫"tunica interior"。这种内衣本是一种羊毛制品;但后来改用亚麻布做了,名称是"(tunica) linea"。大约在 4 世纪时出现了一个新词 camisia,好像原本是个凯尔特语词,专用于指称士兵穿的衬衫(有希罗尼穆斯[8]的词句为证:solent militantes habere lineas quas camisias vocant "那些打仗的人习惯于穿他们称之为 camisias 的亚麻布衬衫")。

该词通过罗马军队而传遍整个罗马帝国，甚至在受到罗马势力影响的阿尔巴尼亚、希腊等非拉丁语地区都能发现其踪迹；在阿拉伯语中它叫作 kamis。旧词 linea 只发现于罗曼语言区域内三个孤立的地方；而且非常奇怪，在这三个地方它指的都是妇女的内衣（译者按：因此这个旧词 linea 和新词[camisia>]chemise 都进了闺房）。

以上我们看到，文化上的接触导致语言货物的交换。反之，如同考古学家根据陶器、装饰品和武器等文物的分布情况做出推论一样，对于语言借贷情况的分析也会给文化接触以及民族关系的研究提供线索。例如：法语中的日耳曼语借词一般同战争、武器、法律和政治有关；反之，德国人能酿制美味的白葡萄酒也应该感谢罗马人。因为德语所有同酿酒有关的技术词汇都是拉丁语借词；比如 wein（葡萄酒）出于拉丁语的 vinum，Most（未经发酵之葡萄汁）出于 mustum，Kelter（酿酒压榨器）出于 calcatura，Keller（藏酒地窖）出于 cellarium。（参看下文 160 页[及上文 101－102 页]。）又如，表示街道（strata via）的拉丁语词在欧洲的分布很广泛，我们单凭这一事实而无须进一步在历史和考古上取得确证就完全可以相信罗马人是修筑马路的能手。西班牙语中的阿拉伯语成分一般同农业和灌溉、天文和数学、化学和医学有关。几乎在整个欧洲，银行和簿记的术语都是来自佛罗伦萨和伦巴第（俗语有云：All Lombard Street to a China orange）。[9] 通过对英语中借词的研究，英国人的复合文化得到了充分的阐明。我们几乎向世界上所有的语言借用了文化词汇；例如 potato（马铃薯）来自西印度群岛，algebra（代数）来自阿拉伯，cheroot（方头雪茄烟）来自南印度的达罗毗荼诸语言（Dravidian），等等。许多航海术语如 boom（吊杆）、

skipper(小商船等的船长)、yacht(快艇[源出于jaghtschip,相当于英语的chase ship"快艇"])等则是从荷兰语借来的。在艺术方面,看一看这个行业的专门词汇就可以知道,我们也是大大得益于荷兰画派的。Easel(画架)一词源出与德语词Esel(驴子)相关的一个荷兰语词(比较英语的clotheshorse)。[10]其他同一来源的词还有etch(蚀刻)、sketch(速写)和landscape(风景画)等。

不过,对英语影响最大的还是11世纪诺曼底人的入侵。从那以后的三个世纪里,英语几乎成了一种受人歧视的、主要只是农奴和下等人说的土话。诺曼底人在社会和文化上的优势给我们的语言造成了一种在其他语言中从没听说过的裂口。[11]最为人们所熟知的例子就是家畜的肉与家畜本身有着不同的名称。说法语的贵族们把cow叫作beef,使之在名称上显得高贵一点。同样,pig被称为pork;sheep被称为mutton。[12]值得注意的是:许多佳肴美味换上了诺曼底-法语的叫法,而普通的日常食物仍然保留着盎格鲁-撒克逊的旧称。例如bread(面包)是日耳曼语的旧称,而foca则已为biscuit(饼干)和wafer(薄脆饼干)所取代。Milk(牛奶)是纯正的古英语词;但在称呼奶油时,诺曼底人却用他们自己的名称cream(古英语是fliete)。鱼类名称也是这样,plaice(鲽)、perch(河鲈)、salmon(鲑)分别取代了fag、baer、leax。这种替换古英语词汇的现象事实上在被称为高级文化的整个范围内都存在。例如,表示头衔和等级名称的aeoeling和þeġn之类的词就被nobleman(贵族)和baron(男爵)所代替。在服装方面,法国服装很快就排挤了英国式样;结果,英语中大部分有关的旧词就随之消亡了。Dress(服装)这个通称取代了像gierela、haeteru、hraegel、reaf、

sceorp 等多种本地叫法；cloak（斗篷）则取代了 basing、bratt、hacele 等等。另外，应如我们所料，表示战争、法律和行政管理方面的词汇也来源于诺曼底-法语。比如，古英语的 here（德语为 Heer）就被 army（军队）所取代了。War（战争）一词同样来源于诺曼底-法语，尽管该词本身也是法国人从日耳曼语借去的。在有关施政的词汇中，大部分古英语词都被驱逐了出去；比如 weald、geweald、wealdness 这一组挺好的古英语词硬是被 power（权力）、dominion（主权）、government（政府）、control（管理）取代了。就连名词 wealdend 也不得不向 prince（王子；亲王）这一法语入侵分子投降，古英语中表示议会的 witenagemot 也只好让位于 council 一词。但是诺曼底人君临英格兰之最显眼的标志也许是这一事实：英语中原来用于表示奴仆的词如 þeow、þenestre 等全部消失，而被 minister（执行者）和 servant（仆人）等取代了。

往往一个单词的形式本身就能清楚地表明它来源于哪一个国家。那些包含定冠词 al（如 alchemy“炼金术”等）的词是阿拉伯语词。在各种罗曼语言中，有许多以两种形式出现的阿拉伯语词（参见上文有关 aljuba 的一节）。下表说明的就是这一情况。表中所示是阿拉伯语 mahazin 一词（英语 magazine 的“货栈、库房”等义项即源出于此）在罗曼诸语言中的派生词之分布情况：

法　语：magasin	葡萄牙语：armazem
意大利语：maggazino	西班牙语：almacen
加泰隆语：magatzem	加泰隆语：almazem

从有无定冠词的单词形式可以明显看出，两组语言的词有不同来源。在伊比利亚半岛上，这个词自然是因摩尔人的入侵和占领而

引进的。[13]可是在更靠东边的几种语言里，这个词的出现要晚得多（13世纪）；它的被借用，乃是地中海东部地区和基督教国家商业大城市之间贸易往来的结果。实际上，magazzenum一词首次发现于马赛的文件之中，指的是该城商人在北非洲所拥有的仓库。[14]

表示食糖的词也有类似的起源，它对于我们了解历史关系是很有帮助的。“糖”的分布情况如下：

葡萄牙语：assucar	意大利语：zucchero
西班牙语：azucar	法　语：sucre
加泰隆语：sucre	加泰隆语：sucre

我们知道，阿拉伯人曾试图在安达卢西亚（西班牙南部）和西西里岛两地建立糖类作物种植园。他们的这种努力，即使是在诺曼底人和斯陶芬人（Stauffian）的统治之下，也未曾中断过。[15]结果，正如“糖”一词的语言形式之上列分布所示，它从两个不相连接的中心分别向四周传播了出去。加泰隆尼亚［及安达卢西亚］与西西里岛之间的密切政治关系在这些语言事实中得到了如实的反映。

从与宗教有关的词之分布可以追溯欧洲人皈依基督教的过程。奇怪的是：所有罗曼语言表示教堂的词都是希腊语ecclesia和basilica的派生词（如法语的église、罗马尼亚语的biserica）；而日耳曼语言表示教堂的词可追溯到希腊语的κυριακόυ（kuriakon［拉丁转写作cyriacum］，比较英语的church、德语的Kirche）。从表示棺材的词也可以观察到类似的分布情况。标准法语词cercueil出于希腊语的sarkophagos（拉丁转写作sarcophagus）。但在整个罗曼语区只有法国北部使用该词；其他亲属语言都用拉丁语词，例如locellus、vascellum、arca、capsa（按：本义为“存放处”、

"匣子"之类)。而荷兰和德国分别使用 sarc 和 Sarg;这与法国北部一致。教会语言中还有一个词可以让我们观察到类似的关系。法语表示星期六的词 samedi 对应的不是英语的 Saturday(Saturni dies),而是德语的 Samstag——而 samedi 和 Samstag 都可以追溯到具有希腊-东方形式的 sambaton 一词。在雷托-罗曼语方言以及多瑙河盆地和远至特里尔和科隆教区边界的莱茵河流域之德国方言中都发现有 sambaton 的对应词(参见弗灵斯 Frings 著《罗马日耳曼尼亚志》一书第 27 页)。在这一点上,另一个周日名称的地理分布也很有意思。弗灵斯指出:当德国人于公元 4 世纪从罗马人那里接过一周中每日的名称之时,在与(受希腊-东方影响的)莱茵河上游和多瑙河南面为邻的各个地区内,[16] 古典的名称已经被修改过了;晚期拉丁语的 media hebdoma("一周的中间")在法国的某些方言和雷托-罗曼语中至今还在使用。这一借词的德语译名在古高地德语中是 mitta wecha,相当于现代德语的 Mittwoch(星期三)。这个 mitta wecha 和上文所言的 kuriakon、sarkophagos 等词一样,征服了德国南部并继续北上,最后在特里尔和美因兹教区的北部边界被堵住。再往北去就是北海地区 Wodansdag(星期三)的势力范围;用 Wednesday 的英格兰即在这一范围之内。这些词清楚地表明:基督教从希腊经过哥特人之手传到德国人那里。

这个结论看来不符合 Priester(德语"牧师")一词的情况。该词的历史可以追溯到希腊-拉丁语的 presbyter,一个在整个罗马帝国曾用来指称天主教牧师的词;其语音形式清楚地表明它是通过一条不同的路线即穿越罗曼语区域而传到德国的。根据是:prēstar 这一古高地德语的形式必须和古法语词 prestre 相联系;

后者显示了古罗曼语中一些典型的音变现象对它的影响。但是某些事实却表明 prēstar 并非是德语中最古老的表示牧师的词。首先，prestre 一定是在高地德语中词首的 p 变成 pf 这一语音演变之后才借进的。由拉丁语词 pondus（“重量”［比较英语的 pound “磅”］）演变而成的 pfund（磅）便是这种音变的例子。假如 prestre 是在此以前借进的话，那我们就一定会指望发现 * Pfriester 这一形式。可见该词借进的时间最早也只能定在 7 世纪或 8 世纪。实际上出现得更早的要算德语中另一个表示牧师的词，它反映了上述由 p 变为 pf 的变化。这个词便是 Pfaffe，现仅用于表示轻蔑意义的场合，很有点像英语的 parson 一词那样。它由希腊语 papas 直接派生而来。这一事实再次揭示了基督教传播到德国人那里所经由的道路。[17]

当然，说这就是基督教影响的唯一来源也不合乎事实。撇开莱茵河上罗马占领军内肯定有过三三两两的基督教徒这一事实不谈；最近的研究也已清楚表明：有过三条基督教传教活动的路线会聚在特里尔和科隆附近的莱茵河中游地区。第一路来自信奉基督教的罗马版图之外围地区的法兰克传教团；第二路是活动于莱茵河口的盎格鲁-撒克逊传教团；第三路是由德国南部向四周扩展的力量，这一股力量曾受过哥特基督教的影响（后者又是从希腊世界取得灵感的）。关于这最后一路，也是最重要的一路，我们已在上面提供了证据。头两路也都在语言中留下了它们的痕迹。标准德语词 Sonnabend（星期六）就是一个很好的例子，因为这个词在北海saturni dies 的势力范围和南部 Samstag 的领域之间占据了一块缓冲的地盘。这个词像是由盎格鲁-撒克逊的传教士引进的。

在盎格鲁-撒克逊语中,它的形式是 sunnanaefen(星期日前夕),是一个从教会拉丁语词 vigilia 翻译过来的名称。关于法国基督教的影响,我们已经通过上面的 Priester 一词做了说明。

可是,仍有必要补充一点:以上这些词都是较晚的借词,而日耳曼地方和高卢之间的关系分为两个阶段。在第一阶段,亦即在罗马占领期间,罗马人和皈依罗马天主教的凯尔特人是语言的借出者。像古高地德语中的 muniʒʒa(钱币[拉丁语为moneta])、Zoll(关税、通行费[源出希腊语的 teloneion,中经高卢-罗曼语的 toloneum])、Pacht(租约[拉丁语为 pactum])、Kammer(房间[拉丁语为 camera])、Keller(藏酒地窖[拉丁语为 cellarium])、Mauer(墙壁[拉丁语为 murus])等文化借词就是在这个时候通过各种渠道传入德语的。在这段时间内,来源于这方面的基督教影响可以从 Bischof(主教)一词上反映出来。这个词由希腊语的 episcopos 中经古罗曼语的 piscopu 派生而来。一个值得注意的事实是:尽管罗马人在文化上有着强大的影响,但提供给日耳曼各族人民的表示武器的词却少得可怜;相反,在这方面他们倒是借入者。这是由于在帝国的统治下,新兵大部分都是从日耳曼部落里征召的缘故。这一历史事实解释了为什么"在通俗拉丁语中的日耳曼语成分几乎完全是由取自日耳曼雇佣军词汇中的词所构成的"。它预示着某一历史时刻的到来。公元 4 世纪,日耳曼民族的一支——法兰克人横渡莱茵河,侵入比利时和高卢北部。到 486 年,他们已经占领了一直延伸到卢瓦尔河的大片领土。[7] 基督教暂时被压倒了,但又被来自南方的传教活动重新引进。正是通过这个高卢-法兰克文化,晚些时候的基督教借词才得以传到他们在莱茵河附近和彼

岸的日耳曼同族人那里去。

向我们揭示法兰克人侵犯高卢的不仅仅是大量的日耳曼借词;他们定居地的名称甚至到今天仍能指明他们当年主要居住在哪些地区。例如,我们发现[法国北部]加来海峡行政区许多地名像 Wisques(Witiacum)和 Wardrecques(Waldhariacum)之类,都由日耳曼人名加高卢-罗曼语后缀-iacum 构成。地名的考察实在是令人神往的语言学研究工作之一,因为地名往往能提供出重要的证据来补充并证实历史学家和考古学家的论点。

对于了解哥特族——那个在垂死的罗马帝国内建立起一个王国来的另一个日耳曼部落——的历史,地名着实起了一番作用。公元 257 年,奥勒利安(Aurelian)大帝把达契亚行省割让给了哥特人。在以后很多年里,他们充当了罗马主人的同盟者,承担着多瑙河前线的防务。然而,在将近 4 世纪末的时候,匈奴人的入侵驱逐了西哥特人,逼使他们另找安身立命之地。经过持续将近四分之一世纪的战争和流浪,他们最后在法国南部建立起了一个王国。这个区域现存的含有哥特语词和词尾的大批地名,如 Les Goths、Le Goudeux、Goize(即 Gotia)等,再次透露出该处曾经是被人忘却了的日耳曼人定居地。[18]

英国虽然在现代方言的研究方面落后,但在地名的调查方面由于地名学会的努力却一马当先。这里,语言研究再次为历史研究提供了有价值的帮助。大约在 450 年,伏梯格恩(Vortigern)[19]招请条顿人入国帮助抗击皮克特人和苏格兰人。然而,条顿人很快就调转矛头对准他们的主人,并向北部和西部地区大肆劫掠。究竟凯尔特人是被盎格鲁-撒克逊征服者灭绝了呢、还是与他们融合了因而今日英国的人口主要是这两个种族的混合体，这个问题一直未有定论。语言学上的证据进一步证实了最近这些年来历史学家和考古学家的结论。因为尽管英语中凯尔特语借词的数目很少，但记载在古英语中的大量凯尔特族的人名却足以证明在两个种族之间肯定有过持久而密切的接触。此外，包含有凯尔特语成分的地名的分布情况也是颇有启发意义的。例如，包含有威尔士语 pen（头）[20] 的地名如 Pendle Hill、Penhill、Penkridge、Pentrich 等主要出现于多塞特郡、威尔特郡、伍斯特郡、斯塔福德郡、德比郡和兰开郡等地。这样的分布表示“至少在英格兰的西部地区，曾经有过相当数目的说凯尔特语的残余居民”。这里仅举一个值得注意的例子。多塞特郡东北角那里，在以古老堑壕“格林沟”（Grim's Ditch）为界之克兰博纳柴斯（Cranborne Chase）一边的林地当中，有一连串凯尔特地名。“整个地区内不列颠人的村庄废墟星罗棋布。”这是查克里松在其近著《古代英国的罗马人、凯尔特人和撒克逊人》中得出的结论。他把语言、历史和考古学的证据归纳如下：“巴登山（Mount Badon）战役之后，条顿侵略者统治了英格兰的东半部，而西部地区则仍然在不列颠人手里，一直到阿尔弗烈德统治时期没有多大变化，其时许多斯堪的纳维亚人的王国在英格兰东部建立起来，也就是所谓丹麦法地区。在撒克逊人占领的那一半英格兰地区内，幸存的不列颠人很快就和战胜者合而为一。这就是在英格兰的地名中凯尔特语成分之所以少见的原因。……合并和同化随着盎格鲁-撒克逊人向西部推进而继续，所不同的只是在这些地区内留存的不列颠人的数目肯定要大大超过东部地区。……不列颠人并没有被灭绝，只是被撒克逊征服者吸收了。

他们的文明消失了，但是他们的种族保存了下来。”

通过对地名的研究，斯堪的纳维亚人在英国的定居地也搞清楚了。甚至像Ingleby（“英格兰人的村庄或农场”）这样一个词就能揭示出斯堪的纳维亚入侵者曾在约克郡密集居住过的事实。这个地名，正如莫尔（A. Mawer）所指出的那样：[21]“只有在人口主要是斯堪的纳维亚人而土著只剩下零星残余的地区才会有意义。”这里，语言学的证据再次帮助我们搞清楚了丹麦人和挪威人在约克郡斯堪的纳维亚人定居地分别起的作用。以包含丹麦语成分如thorpe（村）的地名为一方，以包含挪威语成分gill（溪谷）的地名为另一方——两种地名的分布情况揭示出丹麦人占领最密集之处是在约克城附近一带，而含有gill的地名则主要出现在约克郡的西部和北部地区。此外，现在看来已经很清楚：“挪威殖民者是从西部而不是从东部入境的，是从兰开郡、坎伯兰郡和威斯特摩兰郡蜂拥而来。”这一点，已为下列事实所证明：在地名中，挪威语成分密度最大的是在西北海岸；越往内地，这种成分就越是稀少。这些挪威式的地名中，还隐藏着另一有趣的历史证据：其中不少都包含爱尔兰语的成分，如crg（词义为“山区的夏季牧场”）就是出自爱尔兰语的挪威语词，在Airyholme和Eryholme等乡镇名中就包含着这一成分。又如：Irton和Irby是内含Iri和Irar的复合词，而Iri和Irar则是送给那些在爱尔兰住过一个时期的挪威人的绰号。这些爱尔兰语成分告诉人们：在北欧海盗入侵并定居在英格兰西北部之前，他们曾先行袭击了爱尔兰并在那里居住过；在此期间他们学了一点爱尔兰话，其中最有意思的一个词是cross（十字架）。入侵者[作为基督教徒]把它带了进来；结果在英格兰斯堪的纳维亚人占领区的很多地名中都含有cross这一成分，比如位于约克郡西区的Ewcross和Osgoldcross就是这样。[22]

附 注

① 遵循这一研究方法的语言学家把这一短语作为他们的行动口号。他们是从梅林格(R. Meringer)那里得到启发的。我写这一章主要也是得益于他在《印欧语研究》(*Indogermanische Forschungen*)和《词与物》(*Wöerter und Sachen*)二刊中的有关文章。——原注。

② 奥维德(Publius Ovidius Naso,公元前 43 - 公元 17?),英语简作 Ovid,罗马奥古斯都皇帝时诗人。因触犯皇帝被流放到黑海地区至死。代表作长诗《变形记》写希腊罗马神话故事,为后世文艺作品多所取材。——译注。

③ 梅林格引用了塔西佗著《日耳曼尼亚志》(*Germania*)第 16 章中的一句话"ne caementorum quidem apud illos aut tegularum usus",说明远古日耳曼人是不用砖头或石块加灰泥来砌墙的。德语中 Mauer(石墙)、Kalk(灰泥)、Ziegel(砖)三词都是拉丁语借词(分别为拉丁语的 murus,calx 和 tegula),这一事实便是明证。有意思的是:法语中的 bâtiment(建筑物)、bâtir(建筑)二词是日耳曼语借词,由 bastjan(编制)一词派生。——原注。

译者按:塔西佗(Tacitus,56? - 120?)是罗马帝国高级官员,也是雄辩家和历史学家。他曾任保民官、执政官和(亚细亚)行省总督。其《日耳曼尼亚志》记莱茵河上罗马边界的情况和日耳曼人的风俗。他还有作为帝国实录的巨著《历史》和《编年史》,可惜只存残篇。

④ 维特鲁威(Marcus Vitruvius Pollio),罗马皇帝奥古斯都时代(公元前 27 年至公元 14 年)的建筑家和军事工程家,著有《论建筑》(*De architectura*)10 卷。该书后曾失传,幸于 16 世纪重新发现。——译注。

⑤ 梵语动词 dih 义为"[用泥]涂,捏";其同源名词 deha/dēhas 是(如此处置而成的)"形体",dehi 是"土丘"、"墙体"、"围墙"。——译注。

⑥ 英语名词 blackball,原意为"(表示反对的)黑球",转化为动词后表示用任何方式的"投票反对"。而"to ostracize"原由古典希腊语表示陶片的名词 ostrakon 衍生,表示"用陶片投票法放逐"。(古希腊习俗:由公民将他认为对国家有危害之人的名字记于陶片上进行投票,票数过半者则被放逐国外十年或五年。)——译注。

⑦ 墨洛温(Merovingian)时代,系指墨洛温王朝,即日耳曼人法兰克族的政权(481 - 751)。酋长克洛维(Clovis,465 - 511)于 486 年即位后,消灭罗马

帝国在北高卢的残余势力，占领卢瓦尔河以北地区；507 年又击败西哥特人，兼并高卢西南部，在巴黎建立宫廷。——译注。

⑧　希罗尼穆斯（Eusebius Hieronymus，347？－420？），即圣哲罗姆（Saint Jerome）。罗马学者，早期西方基督教会里学识最渊博的教父。曾将《圣经》希伯来文《旧约》及希腊文《新约》译为拉丁文。——译注。

⑨　佛罗伦萨（Florence），意大利中部城市。伦巴第（Lombardy），意大利北部大区（首府米兰）。伦巴第人街，在英国伦敦，是国际金融中心。（因 13 世纪前后伦巴第人及其他意大利人聚居于该街区经营银行和商业而得此名。）“（All）Lombard Street to a China orange”，谓整条伦巴第人街（的财富）与一个中国橘子之比拼；比喻实力悬殊、结果断然可料（必败或必胜）。——译注。

⑩　同 Esel（驴子）转为 easel（画架）的情况相似，英语的 clothes-horse 并非“穿衣服的马”或其他同“马”有关的东西，而是“晾衣架”。由此可以看出“驴”、“马”等词转义为“架”的情况。——译注。

⑪　有些学者反对这样来解释语言事实；他们指出，诺曼底人来到英国之前在文化上不如英国人。这同我们的论点并不相干。重要的是，诺曼底人在英国毕竟成了富裕和有闲的阶级并且逐步发展起一种比被征服的本地人更为优秀的文化。在很多个世纪里法语成为上层阶级的语言，这一事实本身已经足以用来解释为什么奢侈品用的都是法语的名称。此外，指出这些英语词消亡得非常之慢，也并不能成为提出异议的根据。社会崇尚诺曼底-法语的名称，这就必然使得整个局面有利于这些名称的传播。我们有足够的根据说，那些没有特权的英国人渴望说法语的心情正和现代的势利人追求牛津音的心情一样。不管怎么说，认为在奢侈品方面选用法语词汇不是因为诺曼底人文化优秀而是因为他们的烹调技艺高超，这种说法不过是一种诡辩而已。难道烹调术不也是文化的一种具体体现吗？——原注。

⑫　原来英语中家畜的肉与家畜本身的名称是一致的，如 cow 表示牛和牛肉，pig 表示猪和猪肉，sheep 表示羊和羊肉。诺曼底人入侵以后，根据他们自己的叫法，把 cow、pig、sheep 等分别称为 beef、pork、mutton 等。但由于饲养家畜的是英国人，他们仍然使用旧称来指称家畜，结果 beef、pork、mutton 等实际上只作为家畜肉的名称而被英国人接受并沿用下来，家畜本身仍然保持着英语的旧称。——译注。

⑬ 摩尔人是阿拉伯人和柏柏尔人融合后形成的种族。711 年，阿拉伯人和摩尔人侵入西班牙，没有几年就占领了伊比利亚半岛的大部分地方（参看注⑮）。直到 15 世纪末，阿拉伯人才最后被驱逐出去。——译注。

⑭ 关于这一点及本章的其他一些细节，我曾参考瓦特布格（Wartburg）的出色论文（刊于 1931 年《教育学新年鉴》[*Neue Jahrbücher f. Paedagogik*] 第 233 页以次）。——原注。

⑮ 安达卢西亚（711 年起）和西西里（827 年起）曾被阿拉伯人占领。两地又在 11 世纪中期被诺曼人（建国于诺曼底者）征服。斯陶芬人，系指 12 世纪（德国）霍亨斯陶芬王朝的统治家族。他们从诺曼人手中夺取了西西里。顺及：关于制糖业的中西文化交流，还可以参看季羡林的《糖史》。——译注。

⑯ 多瑙河是罗马人的一条重要战略防线；同时，部队从一个驻地不断地开往另一个驻地特别有利于文化和语言成分的传播。——原注。

⑰ 见郁特（Jud）于《罗曼语文学杂志》（*Zeitschrift Für Roman. Philol.*）第 38 卷所刊之文，第 3 页；又见前引弗灵斯文，29 页。只是在哥特语和斯拉夫语中，papa（希腊语为 παπᾶs）才用来指称小牧师（clericus minor）。——原注。

⑱ 详细情况可参见伽米尔舍格（E. Gamillscheg）所著《日耳曼-罗马志》（1934）。——原注。译者按：这里几个地名都直接标记着“哥特”。

⑲ 公元 5 世纪居住在威尔士和英国南部的部落之首领。——译注。

⑳ 地名常为流俗词源所曲解。例如：多塞特郡有 Sixpenny Hundred（‘六便士’分区）；Sixpenny 的真正含义是“撒克逊人的高地”。这和伍斯特郡的 Pensax 之含义是一样的。——原注。

㉑ 见《斯堪的纳维亚语文学报》1932 年第 1 期以次连载。——原注。

㉒ 爱尔兰[盖尔]语 erg 又作 ergh/argh/ark，原为 airigh/airidh；带与格（表示方位）复数词尾-um 的 ergum/erghum 等义为‘在（山区夏季）牧场’。讹作 Eryholme/Airyholme。一说 erg(h) 指羊倌小屋。牧场当有小屋；则 Eryholme/Airyholme 或为‘在牧场小屋’。又查古撒克逊语 holme = hill；然则 Eryholme/Airyholme 似或为混合词‘牧场山’。Irton（= Irish town）即‘爱挪人镇’。Irby 也是此义（北欧语言 by 为镇，见 66 页）。Ir-非绰号。Ew[e]cross 当为‘红杉木十字架’（ew[e] = yew），代指有此标志的村镇。从爱尔兰来的挪威人总在村镇中央立个十字架。Osgoldcross 可能是‘哥特之神十字架’（gold = Goth[ia]），或‘上帝之门十字架’（gold = gat [‘门口’，见 109 页注⑲]）。Os = God。——译注。

第九章　语言和思维

语言忠实反映了一个民族的全部历史、文化，忠实反映了它的各种游戏和娱乐、各种信仰和偏见，这一点现在是十分清楚的了。我们下面的任务是要表明：语言不仅仅是思想和感情的反映，它还对思想和感情产生种种影响。只要举一个简单的例子就可以说明这一点。许多原始语言中没有一般地表示数目的词，例如，“两个男人”、“两头母牛”、“两块石头”中的“两”用不同的词表示，拿英语来比方，就是只有 pair、couple、brace（一双、一对、一副）这样的词，每一个词都有一定的使用范围，但是没有 two（二）这样一个通用的数词。这样的语言连“二二得四”都无法表达，当然就不可能出现算术这门科学，因为在这种语言中纯数目的概念还没有形成。教育学家告诉我们，纯数目的概念是儿童最难掌握的东西。回想一下要把两个苹果和三个柑子加在一起这道自古以来折磨人们的算术题，我们也能体会到这一点。有鉴于此，探究语言在这种一般概念形成过程中所起的作用将是十分有意思的事。

我们从第一章中知道了儿童怎样学会理解一个词的意义。某一实物经常和一组特定的语音联系在一起，结果使得这个语音组合能够在听话人的思想中唤起对这件实物的联想。不过，这只是说明了言语行为（speech behaviour）之最基本的类型。一个语音组合仅仅同一件特定的实物相联系。我的女儿会说两种语言。有一次她得到了一个红色的橡皮玩具娃娃；她有时叫它 Puppe，有时叫它 dolly。她的德国保姆走了之后，很长一段时间她听到的只是英语。在这段时间里，她又得到了几个玩具娃娃，也把它们叫作 dolly。值得注意的是：德语词 Puppe 只用来称呼原来那个红色的橡皮玩具娃娃，从来不用来称呼其他玩具娃娃。Puppe 实际上成了一个专有名称。[①]由此可以看出：一切名称起初都是专名，也就是只用来指一件实物而不指其他实物。现在，再让我们来看看这孩子如何从初级阶段进一步提高。她听到别人用 dolly 来指称形形色色大略相似的实物。开始她只是以为有一堆名称都相同的实物，就像有两个小孩都叫杰克一样。但是，有一天，有人送给她一件礼物，她不知不觉地就说出了 dolly 这个词。在整个的智力发展过程中，这是她迈出的最有意义的一步：她造出了一个类别概念。在这个过程中，语言帮了什么忙呢？

把同一个名称用于形形色色的实物就像在这些实物上贴上相同的标签一样。这些实物是从扑朔迷离、混乱不分的外部世界挑拣出来，归并在一起的。通过这种方式，儿童受到吸引诱导对这些实物进行认真观察，并从中找出某种相似点来。可以通过分析儿童习得所谓普通名词的过程来说明这一点。就拿孩子学习“狗”这个词来说吧。起初，他把街上看到的所有四足兽都叫“狗”。后来，他又看到一只四足兽；他一开口说出“狗”这个词时就听到别人对他说：“不对！那不是狗，是牛。”这种语言上的区别促使他更密切地观察和分析，并最终判定：牛是一种大个儿的、带角的四足兽。后来，他看到一个做标本用的鹿头，便欣喜地叫道：“牛。”这一次又被别人纠正了。他就继续进行更为细致的观察和分析。儿童的智力就是以这种方式持续得到锻炼，直到他的言语知识与外界环境的知识取得一致为止。每个词语符号都获得一个多少明确的思想内容，儿童所认识到和感知到的世界就根据词语符号进行相应的分类与排列。儿童要“理解”一个词必须预先动一番脑筋——对外部世界进行分解，并给以心理的赋形。

近来对于语言障碍的研究，比如说对于患部分失语症而遗忘了颜色词的病人所进行的研究，阐明了词语符号在一般概念的形成和保持中所起的重要作用。有一个特定病例：病人在世界大战中负了伤，由于头部受伤而使记忆力受到了损害。所以指定某种颜色问他那是什么色的时候，像红、蓝、黄这样的普通词儿他一个也不记得了。甚至别人把其中夹有正确名称的一连串颜色词念给他听时，他也不会把那个名称给挑出来。另一方面，他却能够辨别各种颜色（比如说红色）之最细微的差别。例如，假如请他从许多颜色中挑出熟草莓色，他毫不费力就能办到。而且，他还能毫不费力地配对出相同的颜色。显然，这个病人的病根并不在于视觉损伤或搅乱。病人能够正常地辨别不同的颜色，无论是樱桃色、紫罗兰色、鲑肉色都行。事实上，病人的各种颜色感觉是单独分立的，是与某个具体的物件联系在一起的。但是他没有颜色类别的概念，没有光谱的切分与表达的概念。

让我们把这种病症同正常人的行为做一个对比。一个孩子面前放着一些东西，比如说有一朵花、一个球、一块砖头、一条彩带。别人告诉他这些东西都是“蓝色”。这就是说，使他的注意力集中到这些实物的共性上面。除非他学会了分析并且能够从这些互不相似的实物中把它们的共同特征抽象出来，否则他根本无法理解“蓝色”这个词的意义。这样说来，词好像是绳子，把世界上的种种现象捆扎成一捆一捆现成的东西。儿童一旦掌握了这些词汇概念，他的记忆负担就会大大减轻。一个正常的人之所以能从毛线中把绿色毛线挑拣出来，是靠着他语言知识的帮助。他并不拿各种颜色相互比较，而是在那个病人认为差异太大、无法归类的一段段毛线上都拴上“绿色”这个语言标签。回头来看上面提到的那个病例，则显然易见：遗忘一般颜色词和不能把颜色分类这两种现象之间有着某种密切的联系。

是概念的遗忘使得名称不能被理解呢，还是名称（符号）的遗忘引起智力上的退化呢？这个问题还有待于回答。我们要记住：儿童在学习语言时，必须首先独自动一番脑筋，形成自己的概念，然后才能理解表示概念的名称。但是我们知道，实物的名称如同实物的大小、形状、气味一样，同样是实物的一种特征，它在形成概念的思维活动中起着推进和指导作用。[②] 失语症专家海德（H. Head）得出结论说：遗忘了颜色词的失语症病人好像是弄断了把世界上的种种事物分类捆扎在一起的绳子；在他面前种种事物变得杂乱无章，它们的颜色千差万别而毫无联系。[③]

我们现在回过来考虑一下开始讨论时举的那个例子。经常使用“两”这个言语符号（不论被限定的实物是什么，这个词始终不变）使得人们的注意力集中到某一共同特征上面，从而促进思维形成抽象的数目概念。儿童的语言里如果没有这样的抽象符号，那么就没有什么东西去推动他进行必要的思考；他就只能停留在颜色词语受到损害的病人的那个水平上。他的意念仍然被束缚在具体的感觉世界里，在那里列举和辨别，而不是在那里归类和合并；他不能借助抽象概念使智力上升到语言程度较高的人们所达到的那种水平。这就是为什么学习外语是一种很有价值的智力训练之道理所在。母语的词语同另外一种语言的词语在意义上不会完全一致，从而儿童（或者成年人）在学会这门外语的同时能够获得一套与母语不同的概念系统。④

这样看来，符号好比是梯级，思维沿着梯子从具体的印象一级级地上升到最抽象的概念，去和（像在数学中出现的那种）纯概念打交道。符号把我们辛辛苦苦得来的思维内容固定下来，并且为向更高处攀登提供了稳固的立足点。⑤因此，思维的进步取决于其符号化[系统]的效能；这可以说是具有普遍意义的论断。用笨拙的罗马数字系统几乎无法进行复杂的算术运算；而由于引进了灵巧的阿拉伯数字系统，运算就大大地简化了。

作为符号性系统的各种语言用作思维工具时，它们之间的效用差别相当大。大家都知道，德国人的知识教育水准比英国人高得多。比较一下两国人在乘坐电车和公共汽车时读的书籍就能简单地证明这一点。照我看，两国知识教育上的这种差别在很大程度上是由作为抽象思维工具的英语和德语各自的特点所造成的。因为在符号化的简单明了方面，德语远远胜过英语。举几个简单的例子就能说明这一点。英国人要抽象地谈论到“未婚”这种状态时，得使用一个不熟悉的很难懂的词“celibacy”，它与 wed（娶、嫁）、marriage（结婚）和 bachelor（单身汉）的词形全然没有相似之处。德语则非常简单：die Ehe 的意思是“婚姻”；从这个词派生出一个形容词 ehe-los“未婚的”，再在形容词后面加上常用的抽象名词后缀就生成 Ehe-los-igkeit“未婚”。这个词意思这样透明,连一个流浪儿童也能懂得。英语言语符号化[系统]之难懂就妨碍了英国人的抽象思维活动。再举一个例子:我们英国人要表示“永生”这个意思时,得求助于拉丁词 immortality,而这个词同日常用词 die(死)、death(死亡)相去很远。在这一点上,德语又占了上风:Un-sterb-lich-keit 这个词的各个组成部分都很容易分辨出来;德语社群中的每一个成员只要认识 sterben(死)这个基本词就能够理解并且造出 Unsterblichkeit 一词。这儿英语本该也能造出相应的词 deathlessness 来。[6] 假如 deathlessness 这样的词能成为英国知识分子用语的基础,他们得到的好处就会大得多了。[7]

虽然言语符号化决定并限制个人的智力发展,但是这并不意味着个人无法越出自己语言的限制。必须记住:语言仅仅记载过去所取得的智力活动成果,并且把这些成果固定下来。前面已经说过,学会一个语音组合并不等于把某一现成的概念自动地移植到学习者的头脑中去。“懂得”一个词意味着在语音组合和对应的心智内容之间建立某种关系;但是个人得先经过一番思考,然后才能形成这个心智内容。如果没有先做一番思考的能力,那就无法掌握词的意义。词仅能提示和协助人进行思虑。有些研究语言和思维之关系的语言社会学家,在他们最近的著作中思想有些混乱;因此我们不得不在这儿做些说明。

有人指出:尽管我们能辨别数以千计的各种各样的气味,但是我们的科学还不能像把颜色分成红、蓝、黄等等那样把各种气味分组归类。他们说,这种情况是由我们的语言状况所造成的。我们继承下来的用语使得我们的视觉胜过所有其他的感觉。这种解释不管对于学习自己语言的现代人来说是多么符合实际情况，它也并不能说明为什么他的老祖宗能发展出一系列表示颜色类别的词语而没能发展出表示气味类别的词语。现在的这种语言状况只是证明了我们的祖先在气味的分类中碰到了与我们一样的困难。困难的根源在于各种感官具有不同的生理构造。色彩感觉依赖于一定数目的细胞，其中有的细胞对颜色很敏感，有的细胞对明暗很敏感。光线是视觉印象的唯一来源，颜色为光线的波长所决定。茉莉花、铃兰、樟脑和牛奶有相同的颜色，这是因为它们反射的光具有相同的性质。嗅觉与视觉不同，它们是由化学反应所引起的，而化学反应的种类可能无穷无尽。关于这一点，我引述一位著名生理学家阿伯德哈尔顿（Emil Abderhalden）的一段话："我们称呼各种特定嗅觉的方式本身就表明嗅觉的产生条件不会简单。我们往往根据发出气味的实物称呼各种气味。我们说这样东西有玫瑰香味，如此等等。……这说明：同视觉或听觉相比，要使嗅觉印象有序化或系统化，所遇到的困难要大得多。"心理学家的研究工作为我们的论点提供了确证。他们通过实验发现：动物虽然没有语言，但是它们同人类一样，能够辨别蓝、红等基本颜色。由此可见，这些特定的颜色类别显然是离开语言而独立存在的。

我们可以得出结论：言语和思维的关系这个问题至少有两个方面。言语对于讲这种语言的人之思维发展有很大影响；这句话当然不错。每一种语言都是某一个概念系统的体现，这个概念系统包含着知识世界的某一特定析解和结构。这就是所谓语言的"内部形式"。但是，我们不能忘记：一种语言在某一时候所处的状态代表着说这种语言的人们的智力发展之某一阶段。个别的有创造性的思想家能超越语言知识的限制而做出努力，使智力的发展达到一个更高的阶段。语言的历史反映了人类思想的进步。

语言不仅仅在智思方面约束着说这种语言的人们，它还传递人们的成见、理想和感情。例如，英语中 fair play(“费厄泼赖”，公平竞赛)这个短语表现的就是其他国家没有的一套复杂的行为准则。它表达了并且传递了英国人民在漫长的岁月中认为合乎社会需要的一种行为准则。就这一点来说，英语中有短语 fair play 这件事本身毫无疑问就是一种宝贵的力量。另一方面，德语 da kann man halt nix machen(“这我看一点办法也没有”)这样的口头禅很容易带来所谓奥地利式的“心安理得”。的确，每个民族都有一套自己特有的无法翻译的道德用语；这增加了各民族之间互相了解的困难。像pietas和 religio 这样的拉丁词就是大家熟知的例子。[⑧]另外，语言上偶然产生的联想可能会影响历史的发展。“纳粹”这个词在瑞典语里不巧同“小猪”(nasser)相像，使得瑞典的纳粹运动受到了阻碍。最近，那里的纳粹运动的领袖们枪杀了自己的一名拥护者，想以此来谋取别人的支持，反对假想中的共产主义危险。这个阴谋泄漏了。当时斯德哥尔摩流传开了这样一则谜语：“世界上最现代化的屠宰场在什么地方？”回答是：“在斯德哥尔摩，因为在这儿小猪们自相屠杀。”显然，瑞典的纳粹运动要想取得进展，首先得审查本国的语言。

上面列举和解释的几件事实意味着我们得把语言看作一种将自己的构造和规律强加于社群各成员的、超乎个人之上的力量。这种观点还需要加以讨论，因为乍看起来我们似乎又回到了一种已被人们抛弃了的陈旧的语言观。

直到19世纪初，才产生了我们现在所认识的语言科学。对于不同语言的广泛研究提供了足够的经验基础；学者们的语言观也逐渐有了进步，他们不再把语言学看成是一门规范科学，即不再把它看成是一门制定法则以决定正误的科学。那种旧有的观点对于科学来说是不适宜的。科学应该满足于观察、整理和解释。（因此，它不应责备英语中 me 用于主格的情况，它的任务只是把大多数讲英语的人都这样用之事实记录下来。）与语言学上这个进步有关的人物是葆朴（Bopp）、拉斯克（Rask）、格林（Grimm）和施来赫尔（Schleicher）。⑨施来赫尔对植物学特别感兴趣，对植物学的研究使他认为语言就像一株植物，会生长、发芽、抽枝长叶以至死亡；语言有自己的生命，不受说话人的控制。这个显然荒谬的观点遭到了一些学者的反对。他们坚主语言只是人类的一种活动，语言的每一个变化都意味着说话人这方面的变化；因此语言发展的原因和规律必须从人类的心理-生理构造上去寻找。这种观点是正确的。然而如果片面地、教条地强调这一事实，只承认有言语活动（acts of speech）而完全否认"语言"的存在，那就要同人们的常识发生冲突。不错，语言是只能从人们的言语活动中进行观察。但是如果认为英语或德语都只是一种抽象，实际上不存在，那就十分荒谬了。这里，常识就要造哲学家的反了。为了证明人们反对得有理，证明有理由认为语言是一种实际存在，我们必须一般地考察一下个人与他所从属的语言社群之间的关系。

首先，我们要承认一条公理：群体并不等于它各个组成成分的总和。一个旋律不仅仅是一系列乐音。每一个乐音的意义都从它与旋律的其他部分之间的关系中得来。反复听几次之后那个旋律就印在我们脑子里，便是这个道理。我们听到的每个乐音都使我们回想已经过去的那些音，同时期待即将到来的那些音，因而蒙上一层特殊的色彩。我们说一件艺术品是一个有机的整体，就是这个意思。人类的组织也是这样；人们加入一个群体，人们离开这个群体，成员不断变化，但是群体始终存在。个人也把他的群体——学校、支队、球队等——看作超越个人之上的东西。对集体中一个成员的侮辱被看成是对整个集体的侮辱。德国的学生会社中流行的一种独特的惯例可以由此而得到解释。如果一个会社的某一成员侮辱了另一个会社的某一成员，那就被看成是涉及两个会社本身的事件。所以，两个组织可以派出也许同最初的冲突毫不相关的代表举行决斗。这种做法符合 19 世纪某些德国历史学家提出的国家概念，这种国家概念在国家社会主义的统治下又得到了复活。这种观点主张国家是超越组成国家的个人之上的实体，使个人利益服从国家需要是每一个公民的职责。群体本身有它的性质和特点，不能从其中各个成员的性质和特点中得来；在这一点上，上面这个理论是不错的。事实也确实如此，个人进进出出世代更迭，但群体的特点可以维持不变。每一所学校都有它自己的校风；校长、教师们都知道坏的作风一旦形成后要扭转它是多么困难。由此我们知道，群体作为一个超越个人之上的实体，作为一个各种力量和各种关系形成的系统，在向人们提出并强制他们接受某些行为方式和思想方式时具有压倒一切的力量。从根本上讲，道德本身必须先有一个共同习惯和共同信仰的系统，法律就是依据这些共同习惯和共同信仰而制定的条文。宗教信仰也是群体行动的产物。基督教社群不会自发地产生出穿长袍戴头巾的犹太教徒和伊斯兰教徒。但是以最精细微妙的方式向人们施加力量并且最不容人们抗拒的一种社会现象是语言。这套与特定的思维内容相关联的符号系统具有任意性;你要用它,就得不折不扣地遵守它的条件。对于思想和言语之间关系的任何扰乱都会导致不可理解。所以,个人只有服服帖帖地接受群体的言语习惯,才能同群体的其他成员进行交际。但是,前面讲过,习得某一种语言就意味着接受某一套概念和价值。在成长中的儿童缓慢而痛苦地适应社会成规的同时,他的祖先积累了数千年而逐渐形成的所有思想、理想和成见也都铭刻在他的脑子里了。[10]

至此,我们在语言的研究中已经到达了巅峰。从这个顶点上可以回顾我们所走过的道路。开始时我们认为语言只不过是由人类的喉头发出的声音所组成的系统;现在证明它是打开人类心灵深处奥秘的钥匙。它是思想的最高载体,是民族的统一纽带,也是历史的宝贵库藏。

附　注

①　在她的个人词汇里,至今还有这个专用的名称。——原注。译者按:Puppe(德语词)和 dolly(英语词)本来都只是普通名词“玩具娃娃”。

②　斯特恩在其书(Goeteborg,1931)第 36 页也这样说:“如果几个用纸板做的又大又重的实物被称作 gazun,那么 gazun 这个名称也就完全同体积和重量一样,成了实物本身的一个特征。”——原注。

③　参看上引斯特恩书第 126 页:“词常常是思维内容最实在的部分,难以捉摸的思维活动正是通过词的作用才能留下深刻的印象,才能得以保存下来以便再现而不至于被即刻遗忘。”——原注。

④　许多语言缺乏类别名词。据说,阿拉伯语中有几千个词表示各种各

样的骆驼,但是没有一个泛指骆驼的词。有的语言有许多词用以表示不同品种的棕榈树,但是没有一个词用作总称。我们听说某些原始语言用不同的动词表示“洗手”、“洗脸”、“洗身子”,但是没有一个泛指的动词“洗”。在这一点上,拿英语和德语比较能对我们有所启发。英语说 to punch(拳打)、to kick(脚踢)、to jolt(摇晃),但是没有一个词表示德语词 stossen(给身体一击)这样的一般性的意义。——原注。译者按:英语虽有泛指意义的动词(洗),但它也不一定包揽全部的表达任务。固然,除了“洗手”、“洗脸”可以用 wash,“洗身”也可以用 wash:我们可以说 she is washing her son(她在给儿子洗身),Go and wash yourself(你去洗一洗[身子]),He always washes in cold water(他总是用冷水洗澡)。但是说到“洗身”往往用动词 bathe 和名词 bath:通常可以说 We are going to bathe in the river(我们要在河里洗澡),He takes a bath every day(他每天洗澡)。注意,可以说 to take a bathe(洗海水澡或河水澡[≠to take a bath!])。这样的表达分工并不稀奇。不妨认为 bathe(bath)相当于汉语的“浴”。现代汉语还用古汉语词(素)“浴”,如“洗浴”、“淋浴”、“海水浴”、“日光浴”。又古汉语常说“沐髮”。总之,通义词和专义词各有任务,二者兼备最好。若二者不能兼备,则缺通义词仍是憾事。

⑤ 参看上引斯特恩书第 124 页:“我们的观察能力、理解能力和思维能力同我们的语言知识一齐进步。”——原注。

⑥ 按:德语 un-是表示否定的前缀,-sterb 是词根(死),-lich 是后缀(无,不),-keit 是抽象名词词尾;合之为“不死(性)”。英语若照此办理可造出 deathlessness;其中 death-是词根(“死亡”),-less 是后缀(无、不),-ness 是抽象名词词尾。但是这个英语词在实际言语中并不使用。——译注。

⑦ 我并不是说德国(纳粹以前)的教育制度应归功于德语。德语的技术术语虽然略嫌笨拙(例如 Kraftwageneinstellehalle 汽车房[=kraft-wagen-ein-stelle-halle‘动力车辆入置室’]),但清楚易懂,的确有助于把高深的思想普及到群众中去。而英语的术语在很多情况下则好像神符一样,使门外汉望而却步。然而另一方面,正如布莱德利(H. Bradley)曾指出过的那样,符号的孤立性有助于抽象思维。例如“氧”作 Sauerstoff(德语词,直译为‘酸素’)就不及 oxygen(英语词‘氧’)好,因为前者表示的是现今已被抛弃的关于氧的概念。

所以上述论断只在普及高深思想时才适用。——原注。译者按：普通使用英语的人不会追究 oxygen 的词源。其实说到底它在希腊语中原也近于'酸素'。

⑧ 按：pietas 有"德行"、"信实"、"孝爱"、"仁慈"诸义；religio 有"教规"之义，亦有"忌惮"、"畏圣物"、"安分守己"之义。这在很大程度上反映了说拉丁语的人对于这些观念间的关系之理解。别的语言中很难找到与这两个词完全对应的词。汉语也有这种情况，尤其是古汉语，像古籍中的"仁"、"义"等词就很难确切地译成现代汉语或外国语。——译注。

⑨ 本书作者所言 19 世纪初开始的语言科学取得之进步，是历史比较语言学的发展。欧洲出现了一批著名的历史比较语言学家。葆朴(Franz Bopp，1791－1867)，一译博普(旧译朴普，非是)，德国学者。其梵语和欧洲语言比较之书是奠基性著作。拉斯克(Erasmus Rask，1787－1832)，丹麦学者。有《冰岛语概论》及其他欧洲语言的著作。他游历广泛，收集语言材料甚多。格林(Jacob Grimm，1785－1863)，德国语言学家和民俗学家(与其弟合编德国童话集、传说集及大型《德语词典》)，著有《德语语法》四卷和《德语史》。他在拉斯克之思想和材料的基础上前进一步，阐明了印欧语的音变规律(世称"格林定律")。中国有些学者偏爱将此人名译作格里姆(格里木)，实无必要。施莱赫尔(August Schleicher，1821－1868)，一译施莱歇尔，德国学者。他精研日耳曼语、斯拉夫语、立陶宛语。他也重视语言理论，在达尔文学说之影响下提出语言有机体的见解；他除主张(由施列格尔 F. Schlegel 提出的)语言分为孤立语、黏合语、屈折语三个类型(三个发展阶段)之外，又把语言排成谱系，各级亲缘关系用"谱系树"来图示。(但其弟子施密特放弃此说，转而提倡"波浪理论"。)——译注。

⑩ 在这点上我要引拉古纳(De Laguna)著 *Speech: Its Functions and Development*(第 288 页以次)的话："每个青年人在掌握自己时代的词汇之同时都配上了一套各种颜色的眼镜，透过它去观察周围的世界，而这个世界也由此不可避免地带上了眼镜的色彩。这个世界里有'赤色分子'和'反动分子'，有'服装奇异举止轻浮的少女'(flappers)和'在时髦场所鬼混的男子'(lounge lizards)，有'生龙活虎的人'(live wires)，也有'"呆笨"的人'(morons)。在这个世界，'活力'、'效率'、'有个性'是可取的，'自卑感'则要不得。"——原注。

附录一 印欧语言(语系)

比较研究法的运用发现了一个事实:从爱尔兰到北印度的一大批语言都是从一个共同的祖语传下来的。英语是其中的一员。[译者按:这些语言组成印欧语系,祖语称为原始印欧语 Proto-Indo-European(PIE)。] 现在分别举出它的主要成员,并加以说明。

印度-伊朗语族(Indo-Iranian)

说这一族语言的人通常叫雅利安人(Aryans)。他们之中有一支从北方侵入印度,并且把他们的语言一直带到南方的德干高原。这语言现存的最古记录保存在宗教的颂辞《黎俱吠陀》(*Rig-Veda*)之中。表现在《婆罗门书》(吠陀的注解)和两大史诗《摩诃婆罗多》(*Mahābhārata*)与《罗摩衍那》(*Rāmāyana*)里面的是这个语言的较晚阶段,称为梵语(Sanskrit)。从这一支印欧语——可以叫作古印度语(ancient Indic [按:又称为 Old Indic])——演变下来许多近代的印度语言。有 2.3 亿人说这些语言。[①] 其中有一个支派经过波斯跟亚美尼亚,老远的被带到西欧去;那就是罗摩尼语(Romany[按:亦名罗姆语]),即流浪的吉卜赛人之语言。

入侵印度者之近亲、另一支印欧语的侵略者踏入近代叫作伊朗的国家——伊朗(Iran)一名源自雅利安族称的属格复数(Arya)。

这个语言最古阶段的面貌也见于宗教经典;那就是《阿吠斯陀》(*Avesta*),其中有些部分论古并不输于印度的《吠陀》颂辞。(译者按:通常称其语言为阿吠斯陀语。)其次最古的文献是大流士(Darius,公元前526-486)石刻,用和《阿吠斯陀》语言相差不小的古波斯语(Old Persian)写成。公元3世纪,伊朗语改变得面目大不相同,是为巴列维语(Pahlavi/Pehlevi,古译钵罗婆文);它后来变成9世纪以后的波斯文言(literary Persian)。这就是近代波斯语的嫡亲。伊朗语支的其他近代代表是里海诸方言(Caspian dialects)、库尔德语(Kurdish)和阿富汗语(Afghan)。古代塞人(Scythians[译者按:或云粟特人 sogdian 亦系塞人])的语言据说也属于这一支。

亚美尼亚语族(Armenian)

向西方走,碰到的第二族印欧语言是亚美尼亚语。这族语言在公元前8至6世纪之间被带到现在的住地。它的现存最早文献是公元9世纪的《圣经》译本。今天说亚美尼亚语的地域不仅是亚美尼亚本部,还有土耳其和伊朗的一部分地方;亚美尼亚人也殖民到格鲁吉亚(Georgia)、俄罗斯和别处。

吐火罗语(Tocharian)

在放下亚洲开始列举欧洲的语言之前,还要提到一个新近发现的属于印欧语系的语言,称为吐火罗语。它见于[19世纪末]20世纪初在中国新疆发现的少量文书。这好像是公元7世纪前半期当地人所说的语言。[一般分为两个方言:焉耆语(吐火罗语 A)和龟兹语(吐火罗语 B)。然而该语族还有些争议问题远未解决。[②]]

希腊语(族)

今天说希腊语的地方主要是巴尔干半岛的南部。关于这个语言我们有将近 2500 年的连续不断的记录。我们可以断定确切年月的最古希腊文铭刻是公元前 591 年在埃及的希腊籍雇佣兵所写的。公元 5 世纪以来的各种不同的铭刻已大量出土,由它们供给的语言材料可以分别出下列几组方言(译按:可视为四组)。

希腊人似乎分三批涌来巴尔干半岛。第一波定居于阿提卡(Attica)跟伯罗奔尼撒(Peloponnese)半岛沿萨罗尼科斯湾(Saronic Gulf)各地,并在小亚细亚南部沿海殖民;其语言为阿提卡-伊奥尼亚语支(Attic-Ionic)。古典希腊散文作品主要用阿提卡方言即雅典城的语言写成。第二波来的希腊入侵者通称为阿卡亚人(亚该亚人 Achaeans),可分两部。北阿卡亚人,其方言[译按:一般称为埃奥利亚语(爱奥利方言 Aoelic)]在三地:帖撒利(色萨利 Thessaly)、维奥蒂亚(比奥提亚 Boeotia[在帖萨利之南])、莱斯沃斯(Lesbos);诗人莎芙(Sappho)和阿尔盖乌斯(Alcaeus)用最后一地方言写作。南阿卡亚人占据伯罗奔尼撒半岛并殖民塞浦路斯岛。留在伯罗奔尼撒半岛的人被第三批入侵者隔离于阿尔卡底亚(阿卡迪亚 Arcadia),有史时代形成阿尔卡底亚方言岛,其语言和塞浦路斯语很相近。这一组方言合称为阿尔卡底-塞浦路斯语(Arcado-Cyprian)。第三波入侵者是多利亚人(Dorian [按:'第三'≠最后:多利亚人可能早于阿卡亚人入侵希腊]);从半岛西北角而进,走遍伯罗奔尼撒半岛全境、帖撒利和维奥蒂亚的一部分及爱琴海许多岛屿。这组方言称为西希腊语;可分为两支:西北希腊语和多利亚语(Doric[按:多利亚语亦常代表西希腊语])。

巴尔干半岛西北部古代被伊利里亚语支(Illyrian)占据,它大概是近代阿尔巴尼亚语——最早只有17世纪的文书——之祖语。[③]

意大利-凯尔特语族(Italo-Celtic)

印欧语系最西的那一族是意大利-凯尔特语族。[④]它包括意大利(Italic)和凯尔特(Celtic)两支,二者有很多相似之处;大概说这些语言的人在史前时代有过一段期间的共同发展。

意大利方言有两组,即奥斯卡-翁布里亚语(Osco-Umbrian)和拉丁-法列斯卡语(Latin-Faliscan)。翁布里亚语(乌姆布利亚语)一度占据意大利半岛大片地方,扩展至其西部和北部;但有史以来局限于翁布里亚一隅(意大利半岛中部)。该方言为世所知主要是源于在古比奥(Gubbio)发现的七个铜牌(称为攸古微纳铜表 Euguvine tables),其内容是一个祭司团体的教规。奥斯卡语(Oscan)是萨谟奈人(Samnites)的语言;其主要文书是从加普亚(Capua)、亚贝拉(Abella)、庞贝(Pompeii)诸城发现的。

拉丁语应该是拉提乌姆(Latium)地方的语言;但是狭义地说它只指罗马城的方言,经典的拉丁语文献都是用这种方言写的。在中古时期这个语言变成了欧洲学者、政客跟教士的通用语言。通俗拉丁语(Vulgar Latin)被罗马的军队和官僚带到帝国的各部分去,在许多行省里它代替了土著的语言。就这样,它变成近代罗曼诸语言

(Romance languages)的祖语。这些罗曼语言中最重要的是意大利语、西班牙语、葡萄牙语、法语跟罗马尼亚语。

凯尔特语一度流行在一个包括意大利西北部、西班牙、高卢和不列颠群岛的广大区域里。在凯尔特人迁徙的时候,他们洗劫罗马城;并且派出一些部落老远到达希腊,甚至渡海到达小亚细亚而在那儿建立加拉提亚(Galatia)王国。然而我们几乎完全没有关于这些语言的古代记录,除了少数在意大利北部和高卢发现的字数不多的铭刻以外。这些铭刻构成我们关于高卢语(Gaulish)或所谓大陆凯尔特语之仅有的知识(不谈拉丁语和其他语言中的凯尔特语词)。海岛凯尔特语(给不列颠群岛上诸凯尔特语起的名字)可以分作盖德尔语(Goidelic)和不列东语(Brythonic)。最早的盖尔语(Gaelic)之文书是在爱尔兰发现的奥甘铭刻(Ogam inscriptions),时代为第5世纪。在中世纪的黑暗时代,只有在爱尔兰还亮着古典学问的灯火。关于这个语言有许多资料包含在爱尔兰人为拉丁语文献所写的词语注解中。盖尔语从爱尔兰输入苏格兰和英格兰的西北部。苏格兰西部高地上流行的苏格兰盖尔语(Scotch Gaelic)和曼岛(Isle of Man)方言是这个语言的近代子孙。

不列东语是大不列颠被罗马征服时的语言。凯尔特族的居民被盎格鲁人和撒克逊人的入侵赶到西部地区。他们的语言至今还在威尔士(Wales)通行,在康沃尔(Cornwall)也保留到18世纪末叶。公元5-6世纪时,康沃尔的流亡者迁居到法国北部的阿摩立卡(Armorica)半岛;故此方不列丹尼(Brittany,按:在诺曼底之西)的凯尔特语(按:称不列敦语 Breton)不是古代高卢语的后裔,却和威尔士语是近亲。说威尔士语的人总说他们听懂不列丹尼的语言不难。

日耳曼语族(Germanic)

印欧语系的又一大族是日耳曼语言,英语是其中一员。日耳曼语言有三个分支:(1)东日耳曼语,(2)北日耳曼语,(3)西日耳曼语。东日耳曼语支中我们只对哥特语(Gothic)有广泛了解。哥特人似乎一度曾占据斯堪的纳维亚半岛南部。他们从这里向东南走,在黑海西北建立了一个王国。公元4世纪他们派出许多部落,走遍罗马帝国。我们了解其语言,主要凭借从公元4世纪时乌尔飞拉(Wulfilas)主教所译的《圣经》残卷。侵入罗马帝国的哥特人很快便被说罗曼语言的人民同化而丧失了自己的语言。但在东方,哥特语保持得久一些;有一种哥特语直到1560年还在克里米亚半岛通行,当时一位荷兰学者 Angerius von Busbeck 记下了它最后的残余。

北日耳曼语支包括所谓斯堪的纳维亚语言即挪威语、瑞典语、丹麦语和冰岛语。关于这一支语言,我们有很古的记录:公元3世纪时的鲁纳铭刻(Runic inscriptions)。在北日耳曼人生命力最旺盛的海盗时代(Viking age),这些民族向四面八方派出了海盗和移民。挪威人到了苏格兰、爱尔兰和英格兰的西北部;丹麦人蹂躏了英格兰之后,终于定居在这个岛的东北部所谓丹麦法(Dane-Law)这个地方。冰岛的海盗语言是文学之花怒放的工具,最有名的产物是叫作《厄达》(*Edda*)的史诗集。

西日耳曼语支的主要成员是德语和英语。德语因"高地德语音变"而判然分成低地德语和高地德语,其分界线东西横贯德国。高地德语诸方言在该线以南,形成三个分支:一为奥地利和(德国)巴伐利亚(按:德语名拜恩州 Bayern)的巴伐利亚语(Bavarian)。一为阿勒曼尼语(Alemannic),包括瑞士、(法国)阿尔萨斯、(德国)巴登(Baden)和施瓦本(Schwaben,巴伐利亚的一个区)各地的方言。第三分支即弗兰肯尼亚语(Franconian)或中部德语,其区域粗略地说是沃尔姆斯(Worms)以下的莱茵盆地。今天全德国说话写字都通行的标准高地德语是从以弗兰肯尼亚语为基础的皇家宫廷语言演化出来的。路德(Martin Luther)用该语言翻译《圣经》,所以它占优势、有权威,使整个德国都接受它。低地德语是德国北部平原说的多种方言,其最古的文献是 9 世纪时的一首诗 *Heliand*。与低地德语方言相近的是荷兰语(Dutch)和弗来芒语(Flemish[按:在比利时])。而弗里西亚(Frisia)群岛所说的语言也许跟英语最接近。

波罗的-斯拉夫语族(Balto-Slavonic)

印欧语系还剩下来的一族是波罗的-斯拉夫语族。波罗的语支包括立陶宛语(Lithuanian)、拉脱维亚语(Lettish)和古普鲁士语(Old Prussian)。古普鲁士语在 17 世纪死去,它的唯一文献是一些宗教的文件和所谓"厄尔丙词汇"(Vocabulary of Elbing)。拉脱维亚语是波罗的海东岸 150 万人所用的语言。立陶宛语是近代印欧语言中最古老的一种;其最早的文献也来自宗教,是 16 世纪翻译的路德的教理问答。一战后立陶宛仍用自己的这种语言。

斯拉夫语支诸语言有许多特点和刚才讨论过的语言相同。它们分作(1)南斯拉夫语,(2)西斯拉夫语跟(3)东斯拉夫语。南斯拉夫语分支包括斯洛文语(Slovenian)、塞尔维亚语(Serbian)、克罗地亚语(Croatian)和保加利亚语(Bulgarian);通行于亚得里亚海至黑海的区域。最古的斯拉夫语文献属于这一分支。9 世纪时，主教基里尔（Cyrillus）和美托德（Methodus）把《圣经》译成萨罗尼加（Salonica）地区的斯拉夫方言。该语言就是古保加利亚语，又名古教会（教堂）斯拉夫语，一直到今天还是信奉东正教的斯拉夫人之宗教语言。

西斯拉夫语分支的主要成员是捷克语（Czechish）、斯洛伐克语（Slovakian）和波兰语（Polish）。波兰语是近代波兰的语言，流行于从西里西亚（Silesia）到波罗的海之广大区域。有 14 世纪的最早文献。

东斯拉夫语包括各种不同的俄罗斯语。我们可以分出大俄罗斯语（Great Russian），其中的莫斯科方言是俄国的行政标准语；白俄罗斯语（White Russian）是俄国西部许多方言的总称；小俄罗斯语（Little Russian）或者露西纳语（Ruthenian）是从乌克兰向西直到匈牙利北方之地的语言。

（这篇概述多得力于 Meillet、Cohen 跟 E. Kieckers 的著作。——原注。）

附　注

① 这是 20 世纪 30 年代的统计数字。据近年 D. Crystal 编《剑桥语言百科全书》记录为 8.25 亿人。至于现今使用印欧语言的总人数，从该书的资料合计可以算出为 24.23 亿人。统计数字都容易过时，聊供参考而已。

② 最后这两句话是我们补写的。可参看季羡林的多种有关著述。又：在 20 世纪初最终确认了印欧语系的安纳托利亚语族（Anatolian group，曾用于土耳其和叙利亚之地）；其中的赫梯语是今知最古的印欧语言。有人猜测，公元前 14 - 13 世纪的赫梯文书中已见（希腊）阿卡亚人的踪迹。

③ 今多认为阿尔巴尼亚语是和前述各语族平行的一个语族。况且它是东系的 satəm 型语言（见后文），与西系的 centum 型之希腊语族不是一类。

④ 学者们许多时候把它分为平行的两族语言。

附录二
印欧语言里的一些语音

比较研究法举例

我们先从各语言引证词源上对应的词(见第三章)来列举印欧语言的这些音。没有举日耳曼语言的例子,因为这一族语言的爆破音经过一系列变化;这些变化将在后面讨论。(译者按:表中使用比较语言学的传统符号,有时使人眼花缭乱。若循名责实以国际音标表示之,则 k̂ 相当于[c];ĝ 相当于[ɟ];q 相当于[k]。余可连类推及。)用来比较的诸语言在以下各表中的简称是:

Arm. 亚美尼亚语	Ir. 爱尔兰语	O. Icel. 古冰岛语
A. S. 盎格鲁-撒克逊语	Lat. 拉丁语	O. Ir. 古爱尔兰语
Av. 阿吠斯陀语	Lett. 拉脱维亚语	O. Wel. 古威尔士语
Eng. 英语	Lith. 立陶宛语	Osc. 奥斯卡语
Gaul. 高卢语	M. Ir. 近代爱尔兰语	Russ. 俄语
Germ. 德语	O. B. 古保加利亚语	Sk. 梵语
Gr. 希腊语	O. H. G. 古高地德语	Umbr. 翁布里亚语
Goth. 哥特语	O. I. 古意大利语	Welsh 威尔士语

运用比较研究法,可假定印欧语言有五套爆破音(下文按发音部位分别讨论):

	不 带 声 (清)		带 声 (浊)	
	不 送 气	送气(罕见)	不 送 气	送 气
唇	p	ph	b	bh
齿(龈)	t	th	d	dh
硬腭	k̂	k̂h	ĝ	ĝh
软腭	q	qh	g	gh
唇-软腭	$q^{ṷ}$	$q^{ṷ}h$	$g^{ṷ}$	$g^{ṷ}h$

p

Sk. pitár-(父)		Gk. πατήρ	Lat. pater	O. Ir. athir
Sk. paçu(畜群)	Lith. pekus		Lat. pecus	
Sk. pad-(脚)	Lith. pėdà(脚印)	Gk. πούς, ποδός	Lat. pēs, pedis	

b （这个音印欧语少有）

Lith. trobà(住处)	Osc. triibúm(屋)	Lat. trabs(梁)	O. Ir. treb(村落)
Sk. balam(力) Sk. balījān-(更强)	O. B. bolijĭ(更大)	Gk. βελτίων(更好)	
		Lat. de-bilis(弱)	

bh

Sk. bhrātar-(兄弟)	O. B. bratъ	Gk. φράτηρ	Lat. frater	O. Ir. brāthir
Sk. bharati(负，持)	O. B. berą	Gk. φέρω	Lat. ferō	O. Ir. biru
Sk. nabhas(云)	O. B. nebo(天)	Gk. νέφος	Lat. nebula	Welsh, nef(天)

t

Sk. tráyaḥ(三)	Lith. trỹs	Gk. τρεῖς	Lat. trēs	O. Ir. tri
Sk. tanú-ḥ(细弱)	O. B. tьnъkъ	Gk. ταvυ-	Lat. tenuis	O. Ir. tanae
Sk. tád(那)	O. B. to	Gk. τό	Lat. (is)-tud	O. Ir. ua-d(从他)

d

Sk. daça(十)	O. B. desętь	Gk. δέκα	Lat. decem	O. Ir. deich
Sk. dvā(u)(二)	Lith. dù	Gk. δύω	Lat. duo	O. Ir. dāu
Sk. ad-mi(吃)	Lith. ėda(食物)	Gk. ἔδω(吃)	Lat. edo	Ir. ess(食物)
Sk. damáyati(逼迫)		Gk. δαμάω	Lat. domo(驯服)	O. Ir. damnaim(绑紧)

dh

Sk. dhūmá-(烟)	O. B. dymъ	Gk. θῦμός	Lat. fumus	O. Ir. dumacha(雾)

［**附注**］送气的 dh 在拉丁语中先变成清摩擦音 þ；这 þ 在词的开头变成 f（按：上条之词即其例）。在词中间 þ 则变成浊的 ð；而 ð 又在 m、r、u 后面和 l、r 前面变成 b，否则变成 d（见下面的例子）。

Sk. vidhāva-(寡妇)   Gk. ἠ-Fίθεος   Lat. vidua   O. Ir. fedb
Sk. madhu(蜜)   Lith. medùs   Gk. μέθυ   O. Ir. mid
Sk. rudhira-(红)   O. B. rudъ   Gk. ἐρυθρός   Lat. ruber   O. Ir. ruad
O. B. rъdrъ [译者按:ъ像(半高)不圆唇 u。上页、下页都有此音词例。]

舌根(“喉”guttural)**爆破音系列**,情况很复杂,到今天为止还没有完满的解释。但是我们可以观察到有两套音的对应:

希腊语	拉丁语	梵语
κ	k	ç
κ	k	k

骤然一看,似乎梵语的 ç(译者按:今通行转写为 ś)可以是腭化的结果,就像从拉丁语 centum[kentum]到意大利语 cento[tʃɛntɔ]之变化里(按:爆破音腭化变为[破]擦音)我们所看到的一样。但是梵语的 ç 在任何元音前都出现;并且这种处理方式在其他许多语言里都能找到。例如“百”字可以找到下列各形式:

Sk. çatam   Avest. satəm   Lith. šim̃tas   O. B. sъto
Gk. ἑ-κατόν   Lat. centum   Welsh, cant

故我们不得不假设印欧语中存在两组——软腭的和硬腭的——舌根爆破音。那些后来只保留软腭爆破音、而硬腭爆破音变为摩擦音的语言可总称为 satəm 型语言(简称 S 类,即取名于古波斯语词“百”):包括印度-伊朗语族、亚美尼亚语族、阿尔巴尼亚语(族)、波罗的-斯拉夫语族。与此相对,在希腊语族、意大利语族、凯尔特语族和日耳曼语族中这两组音只表现为一套爆破音。这些语言称为 centum 型语言(译者按:此名本于拉丁语 centum:拉丁语 c 读[k],简称 K 类)。

k̂

Sk. daça(十)   O. B. desętь
Av. dasa(十)   Arm. tasn   Gk. δέκα   Lat. decem   Welsh, deg
Av. sarah(头)   Arm. sar(顶)   { Gk. κέρας(角) / Gk. κρανός(盔) }   Lat. cornu   Welsh, carn
Sk. çrutá-(听见过去时)   O. B. sluti   Gk. κλυτός   Lat. in-clutus   O. Ir. cloth(名声)

ĝ

Sk. janas-(种族)   Gk. γένος   Lat. genus   O. I. in-gen
Sk. jñātá-(已知)   Russ. znatь(知道)   Gk. γνωτός   Lat. (g)nōtus   O. I. gnāth
Sk. jānu(膝)   Arm. cunr   Gk. γόνυ   Lat. genu
Sk. ajāmi(驱赶)   Arm. acem   Gk. ἄγω   Lat. ago   Ir. ad-aig(=“adigit”)

ĝh

Sk. himá-h(雪)	Lith. žiemà	Gk. χιών(雪)	Lat. hiems (冬)	
Sk. heman(于寒冬)	O. B. zima	Gk. χεῖμα		O. Wel. gaem
Sk. haṁsa-ḥ(雁)	Lith. žąsìs	Gk. χήν(鹅)	Lat. (h)anser	O. I. gēiss
Sk. vahati(他携)	Lith. vežù	Gk. Ϝοχέομαι	Lat. veho	O. I. fecht(行程)
		Gk. Ϝόχος		

q

Sk. kravis-(生肉)	O. B. krŭvĭ(血)	Gk. κρέϜας	Lat. cruor	Welsh, crau
Sk. kāla(蓝黑)	O. B. kalъ	Gk. κηλῖ́ς (斑)	Lat. cālīgo (阴暗)	O. Ir. caile (斑)
Sk. kṛṇatti(纺)		Gk. κάρταλος (筐)	Lat. crātis (活动篱笆)	O. Ir. ceirtle (线团)

g

Sk. yugá-m(轭)	O. B. igo	Gk. ζυγόν	Lat. iugum(轭)	
			Gaul. Vet-iugo-dumnus	
Arm. kṙunk(鹤)	Lith. garnỹs(鹭鸶)	Gk. γεράνος	Lat. grūs	Welsh, garan
Av. aogah-(力)	Lith. augù	Gk. αὔξω	Lat. augeo	

gh

Sk. dīrghá-(长)	Av. darəga	O. B. dlъgъ	Gk. δολιχός		
	Lith. at-lagaĩ(休耕地)	O. B. lęgą (卧)			
			Gk. λέχος(床)	Lat. lectus(床)	O. I. lige
Sk. stighnōti(他攀登)		O. B. stigną	Gk. στείχω		O. Ir. tiagu

圆唇-软腭音似乎是发音时唇部向前突出的软腭爆破音。在有些语言（如希腊语及某些意大利和凯尔特方言）里圆唇音成分（$^{u̯}$[w]）变得很显著。但在其他语言（如梵语）里它却消失了，纯软腭音和圆唇-软腭音没有分别了。在希腊语中，它们在后元音和辅音之前表现为唇音，在前元音之前表现为齿（龈）音，而在与-u音邻接时却变成普通的硬腭爆破音。疑问代词（“什么”、“哪个、谁”）说明了 $q^{u̯}$ 在各语言中的表现形式。先看[**原始**]**印欧语**（[P]IE）：

$^{*}q^{u̯}i$

Sk. cid	Av. čiš	Gk. τίς（谁）	Lat. quis	O. Ir. cid
		οὔκι		

[译者按：$^{*}q^{u̯}i$-对应于原始印欧语 $^{*}q^{u̯}os$。后者即是“哪个、谁”的构拟词形。拉丁语为 quis，英语为 who(se)。梵语 cid 实见于 kaś cid‘任谁都’、kaḥ cid‘某个’等词组，前词才是代词；这个与其他语言对应的 cid（小品词）是祖语代词的虚化形式。]

$^{*}q^{u̯}o$

Sk. kaḥ	Lith. kàs	Russ. kto	Gk. ποῦ	Lat. quod	O. Ir. cia
			πόθεν	Osc. pui	Wel. pwy

[按：“什么”拉丁语为 quod，英语为 what。原始印欧语构拟为 $^{*}q^{u̯}od$。]

再看别的例子，如：

$q^{u̯}$

Sk. pañca（五）	Lith. penkì	Gk. πέντε	Lat. quinque	O. I. cōic
		πεμπάς		Wel. pump
Sk. sacate（他跟随）	Lith. sekù	Gk. ἕπομαι	Lat. sequor	O. Ir. sechur
Av. kaēnā（处罚）	Lith. káina	Gk. ποινή		

但是：

Sk. cáyate（他复仇[动]）	Gk. τίσις
apa-citiḥ（复仇[名]）	

$g^{u̯}$

Sk. gāuḥ（牛）　Lett. gùovs　Gk. βοῦs　Lat. bōs　O. I. bō

Umbr. búm（牛对格）

Sk. agām（我去了）　Lett. gāju（我去了）　Gk. ἔβην（我去了，我来了）

Lat. vēni（我来了）

Sk. gnā（女人，妻）　Arm. kėn（妻）　Gk. γυνή（女人，妻［阿提卡语］）　O. Ir. ben

jani-ḥ（同上）　O. B. žena　βανά（同上［维奥蒂亚方言］）

［译者按："女人"原始印欧语构拟为 $^{*}g^{w}$én-。希腊语作 gunē。梵语的 gnā 除常义外还有神女之义。本书此处原作 ganā；词典中无，疑误。今姑用 gnā。］

Sk. jīva-（活着）　Lith. gývas　Gk. βίos　Lat. vīvus　O. I. biu

$g^{u̯}h$

Sk. gharmá-（暖，热）　Lith. gāras（蒸气）　Gk. θερμόs

Arm. ǰerm（暖）　O. B. gorěti（燃）　Lat. formus　M. Ir. gor

Sk. ghnanti（击）　Arm. ganem　Gk. θείνω，-φονοs　O. Ir. gonim

Lith. genù　Lat. of-fendo

Sk. laghu-（轻）　Lith. lengvùs　Gk. ἐ-λαχύs，ἐ-λαφρόs

Russ. legko　Lat. levis　O. Ir. laigiu（更小）

Av. snaēžāt　Lith. sniēgas　Gk. νείφει（下雪）

（会下雪虚拟式）　O. B. snegъ　Lat. nix，nivem（雪）　Ir. snigid

ninguit（下雪）

最要注意：在古印度语（梵语）中，这些软腭音在前元音之前硬腭化了：

“光”为 arkah（= *-ko）　　然而　　“发光”作 arcati（= *-keti）

正是印度-伊朗语软腭音的这个特点，对学者泄露了[原始]印欧语元音的真实性质。梵语像同族其他语言一样，把祖语的短元音划一化变成 ă。既然梵语被认为印欧语系中最古的语言，梵语的元音系统就被用来代表祖语原来的元音系统。然而学者也注意到：梵语中软腭音发生硬腭化之处（例如 k>c），辅音后的 ă 相当于亲属语言的 e；比如（动词“跟随”）：

梵语 sacate = 希腊 ἕπεται = 拉丁语 sequitur = 印欧语 * seq$^{u̯}$etai

这只能解释成印度-伊朗语必定有过这个元音，而把所有元音拉平成短 ă 是发生在硬腭化之后。[译者按：梵语（拉丁转写）的 c 读音近/tɕ/；一定要注意。梵语 k>c 的演化有点类似于汉语 k>tɕ 的演化——如“记”字音大抵从古代的 *kei/ki 演化成了现代北方话的 tɕi。又如（也恰带元音 a>e 之变）：“瘸”字音可能有过 *g^{w}ɑ(i)>*k‘^{w}a>tɕ‘^{y}a>tɕ‘^{y}e 的演化。]

在这样探讨了[原始]印欧语的爆破音以后，我们现在可以开始考察它们在日耳曼语言里的安排。有几组词源相当的常用词反映出这些辅音在日耳曼语言里有过剧烈的转化，这一望而知；例如：

pater	father（父）	decem	ten（十）
tenuis	thin（细弱）	trabem	thorþ（村舍）
centum	hundred（百）	genus	kin（宗族）

这些变化的事实总结起来，成为所谓**格林定律**。这条定律说：

(i) 送气的浊爆破音（bh，dh，gh）变成不送气的浊爆破音（b，d，g）；
(ii) 不送气的浊爆破音（b，d，g）变成清爆破音（p，t，k）；
(iii) 不送气的清爆破音（p，t，k）变成清摩擦音（f，þ，h［今按：即 f、θ、x］）。

现在举例说明这条定律所依据的语音对应。

p

Lat. pater(父)	Goth. fadar	Eng. father	
Lat. pecus(畜产)	Goth. faihu	Eng. fee(费用)	Ger. Vieh(畜群)
Lat. ped-is(脚)	Goth. fōtus	Eng. foot	

t

	Lat. tenuis(细弱)		Eng. thin(薄,瘦)
Gk. τέγος(覆盖)	Lat. tego	A. S. þaec	Eng. thatch(草[屋顶])
Gk. τρεῖs(三)	Lat. trēs		Eng. three
Gk. τό(δ)(那)	Lat. (is)-tud		Eng. that

k̂

	Lat. centum(百)	Goth. hund		Eng. hundred
Gk. καρδία(心)	Lat. cor(d)	O. Ir. cride	A. S. heorte	Eng. heart
	Lat. cornu(角)	Goth. haúrn		Eng. horn
Gk. καρπόs(果实)	Lat. carpere			Eng. harvest(采获)

$q^{\text{u̯}}$

Lat. qui,quod(谁)		A. S. hwá	Eng. who
Sk. cakraḥ(轮)	Gk. κύκλοs	A. S. hwēol	Eng. wheel
Lat. linquo,līquī(留[交],弃)	Goth. leiƕan	A. S. līhan	Germ. leihen(借)

b

Lith. balà(沼泽)	O. B. blato	A. S. pól	Eng. pool(池)
Lith. dubùs(深)	Goth. diups	A. S. dēop	Eng. deep
Lat. (s)lubricus(滑)	Goth. sliupan	A. S. slúpan	Eng. slip

d

Lat. domare(驯服)	Goth. ga-tamyan	Eng. tame
Lat. dens, dentis(齿)	Goth. tunþus	Eng. tooth
Lat. duo(二)	Goth. twa	Eng. two

ĝ

Lat. genus(种族)	Goth. kuni		Eng. kin(亲属)
Lat. (g)nōsco(知道)		A. S. cnāwan	Eng. know

g

Lat. iugum(轭)	Goth. juk	A. S. geoc	Eng. yoke
Lat. grūs(鹤)		A. S. cran	Eng. crane
Lat. augeo(增加)	Goth. aukan	A. S. éacan	Eng. eke

bh

Lat. ferō(持, 负载)	Goth. bairan	Eng. bear
Lat. frater(兄弟)	brōþar	Eng. brother
Lat. nebula(云)	O. H. G. nebul	Mod. Germ. Nebel(雾)

dh

Lat. uber(乳房)　　A. S. ūder　　Eng. udder

Gk. θυγάτηρ(女儿)　　Goth. daúhtar　　Eng. daughter

Gk. θαρσέω(敢)　　Goth. ga-dars　　Eng. dare, durst

ĝh

Gk. τεῖχος(夯土墙)　　Lat. fingo, figulus　　Goth. digan(黏土团)

(来自 * θεῖχος)　　Germ. Teig　　Eng. dough(面粉团)

Gk. χήν(鹅)　　O. H. G. Gans　　Eng. goose, gander

Lat. veho(负载,携)　　Goth. ga-wigan　　Germ. Wagen　　Eng. waggon(车)

[译者按:上面 τεῖχος(夯土墙)条,可参看正文 148 页;veho(负载)条,可联系对应的梵语词 vahati(191 页)。英语 vehicle(运载工具)与此条之词同源。]

[**注**] 近代英语的 g 在后面跟有 e 时变为 y,例如:

Gk. χόρτος(菜园)　　Lat. hortus　　O. Ir. gort　　A. S. geard　　Eng. yard(围篱,院)

Garden(菜园)是从古挪威语 garðr 经法语变来的(故 g 未变为 y)。古挪威语 garðr 可以从英语方言 garth 看出。英语里面 g >y 的例子还有:

Russ. zelemɨ(绿)　　Gk. χλόη(黄)　　Lat. helvus(黄)　　A. S. geolu >Eng. yellow(黄)

Gk. ἔχανον(打呵欠过去时)　　O. Icel. gan　　Eng. yawn(呵欠)

gh

Gk. λέχος(床)　　Goth. ligan　　A. S. licȝean　　Eng. lie(卧)

Lith. gabenu(给予)　　Goth. giba　　O. I. gabim　　Eng. give

O. B. gosti(客)　　Lat. hostis　　Goth. gasts　　Eng. guest

Gk. στείχω(台阶)　　Goth. steigan　　A. S. stiȝan(攀爬)

[**注**] 从最后一个词演变出(现代英语)stile(A. S. stigel [过栏]台阶)和 stirrup(A. S. stig-rap'攀缘索')两个词。[译者按:stirrup 今指马镫。]

有些日耳曼语词的演化似乎与格林定律冲突。例如以下三个日耳曼语词（“父”、“母”、“兄弟”）里有两个词的 t 音不变成摩擦音而变成浊爆破音 d：

梵　　语	拉　丁　语	盎格鲁－撒克逊语
pitár-	pater	fae**d**er
mātár-	māter	mō**d**er
bhrā́tar-	frāter	brō**þ**or

1875 年维尔纳指出：这些变化依据的是（原始）印欧语的重音位置。这个定律（“维尔纳定律”）简单说起来是这样：日耳曼语的清摩擦音（按：f、θ、h）从印欧语的清爆破音变来（依格林定律）；但是这种清摩擦音在两个响音之间变成浊摩擦音，除非重音落在它前面那个音节上。（这很容易记得，你只要把 posséss [z]和 póssible [s]两个词中间的 s 之读音一比就行。）这些浊摩擦音 ƀ、đ、ʒ（按：即[v、ð、ɣ/j]）大部分变成相应的浊爆破音 b、d、g；此种演变一部分发生在史前时期，一部分在有史时期。这可以解释为什么（原始印欧语的）*bhrā́tor 里在重音后的 t 变成清摩擦音 þ，而* pətér 和* mātér 里在重音前的 t 先变成浊摩擦音 ð，再变成 d。（近代英语读音所表现的困难第四章有解释。）

维尔纳定律的其他例证如下：

Sk. çrutá-（听见了的）　Gk. κλυτός　A. S. hlud　Eng. loud（响亮）

依格林定律我们本来指望得到 louþ 而不是 loud。（按：得此 d 是维尔纳定律的修正）

Gk. μακρós（长，瘦）　Lat. macer　A. S. maeger　Mod. Germ. Mager

［按：Eng. meagre（瘦，劣）］

Gk. ἑ-κατόν（百）　Goth. hund　Eng. hund-red

请比较下面两个（梵语）词里的 t 在各语言中的处理，特别注意重音的位置：

Sk. ántara（另一）　Goth. anþar　Eng. other

Sk. antár（于中）　Lat. inter　Goth. undaurni-mats

（正餐间的加餐）

参考书目举要

此处选录有代表性的重要著作，以帮助初学者检索他感兴趣之分支学科的文献。*

语言学简史：

Meillet, A., *Introduction à l'étude comparative des langues indo-européennes*. New ed., corrected and augmented by Emile Beveniste, 1953.

Pedersen, H., *Linguistic Science in the Nineteenth Century*. English tr. by J. Spargo, Cambridge (Mass.), 1931.

印欧语言学标准参考书：

Brugmann, K., und Delbrück, B., *Grundriss der vergleichenden Grammatik der indogermanischen Sprachen*. 2nd ed. Strassburg, 1897 - 1911. English tr., *A Comparative Grammar of the Indo-Germanic Languages*, by R. Semour Conway and W. H. D. Rouse. Varanasi, Chowkhamba Sanskrit Series Office, 1972.

其他可以参考的著作：

Paul, H., *Prinzipien der Sprachgeschichte*. 5th ed. Halle, 1920.

Bloomfield, L., *Language*. 1935.（有外研社新版，2001.）

---

* 书目中所列之作，有些已不适宜作为今天的必读书，但还可供翻检。其中一些著作我们注明了后来的版本。出版在本书后的参考文献，我们没有补入。——译注。

Gabelentz,G., *Die Sprachwissenschaft*. 2nd ed. Leipzig,1901.

Jespersen,O., *Language:Its Nature,Development and Origin*. London,1923.

De Laguna,G. A., *Speech:Its Function and Development*. New Haven, 1927.

De Saussure,F., *Cours de linguistique générale*. 5nd ed. Paris,1949. English tr., *Course in General Linguistics*,by Roy Harris.(外研社,2001.)然而,索绪尔理论的可靠依据应该在下面这部书里:F. de Saussure, *Troisieme Cours de Linguistique Générale* (1910－1911)法英对照本(Roy Harris 英译:*Saussure's Third Course of Lectures*). Pergamon Press, 1993. 在有疑问时当以法语文本为准.

Sapir,E., *Language*. New York,1921.(有外研社新版,2001.)

Oertel,H., *Lectures on the Study of Language*. New York,1901.

Güntert,H., *Grundfragen der Sprachwissenschaft*. Leipzig,1927.

纯描写性著作:

Meillet,A. et Cohen,M., *Les langues du monde*. 2nd ed. Paris,1952.

Kieckers,E., *Die Sprachstämme der Erde*. Heidelberg,1931.

Schmidt,P. W., *Die Sprachfamilien und Sprachkreise der Erde*. Heidelberg,1926.

Finck,F. N., *Die Sprachstämme des Erdkreises*. Leipzig,1909.

第一章

[语言的]符号化:

Ogden,C. K., and Richards, I. A., *The Meaning of Meaning*. 10th ed., London,1952.

Bühler,K., *Sprachtheorie*. Jena,1934.

历史方法和比较方法:

Meillet,A., *Linguistique historique et linguistque générale*. Paris,1921.

Meillet,A., *La méthode comparative en linguistique historique*. Paris,1952.

第二章

Jones, D., *Outlines of English Phonetics*. 3rd ed. London, 1932.

Noël-Armfield, G., *General Phonetics*. Cambridge, 1924.

Paget, R., *Human Speech*. London, 1930.

Passy, P., *Petite phonétique comparée*. 2nd ed. Leipzig, 1912.

Jespersen, O., *Lehrbuch der Phonetik*. 2nd ed. Leipzig, 1913.

Sievers, E., *Grundzüge der Phonetik*. 5th ed. Leipzig, 1901.

[语音的]异化,等等:

Grammont, M., *La Dissimilation, consonantique*. Dijon, 1895.

音系学:

Travaux du cerle linguistique de Prague, i-iv, 1929－1931 里面的理论探讨. 参看 Daniel Jones 的著作.

第三章

语音定律问题:

Wechssler, E., *Gibt es Lantgesetze*? Halle, 1900.

Leskien, A., *Die Deklination im Slavisch-Litauischen und Germanischen*. Leipzig, 1876.

Osthoff, H., und Brugmann, K., *Morphologische Untersuchungen*. Leipzig, 1878－1910.

Schuchardt, H., *Uber die Lautgesetze*. Berlin, 1885.

现代关于这一问题的讨论:

Hermann, E., *Lautgesetz und Analogie*. Berlin, 1931. (= *Abhandlungen der Ges. d. Wiss. zu Göttingen*; *phil. hist. Klasse*; *Neue Folge*, 23, 3.)

Jespersen, O., *Language, its Nature, Development and Origin. London*, 1922.

第四章

类比：

Wheeler, B. I., *Analogy and the Scope of its Application to Language*. Ithaca, 1887. (= *Cornell Univ. Stud. in Class. Phil.* 2.)

Hermann, E., 前引书.

感染：

Bergström, G. A., *On Blending of Synonymous or Cognate Expressions in English*. Diss. Lund, 1906.

Pound, L., *Blends: Their Relation to English Word Formation*. Heidelberg, 1914.

流俗词源：

Palmer, A. S., *Folk-etymology*. London, 1882.

Weekley, F., *Romance of Words*. 3rd ed. London, 1922.

尤须参看第七章引用书目中 Gilliéron 的著作.

关于形式和功能之间关系的一般性问题，请看Horn, W., *Sprachkörper und Sprachfunktion*. 2nd ed. Leipzig, 1923.

第五章

Stern, G., *Meaning and Change of Meaning*. Göeteborg, 1932.

Bréal, M., *Essai de sémantique*. 4th ed. Paris, 1908.

Darmesteter, A., *La Vie des mots*. 12th ed. Paris, 1925.

Carnoy, A., *La Science du mot*. Louvain, 1927.

Erdmann, K. O., *Der Bedeutungswandel des Wortes*. 3. Aufl. Leipzig, 1922.

Greenough, J. B., and Kittredge, G. L., *Words and their Ways in English Speech*. London, 1902.

MacKnight, G. H., *English Words and their Background*. New York, 1923.

Nyrop, K., *Ordenes liv*. Copenhagen, 1925 – 1926. Germ. tr., *Das Leben der*

Wörter, by L. Vogt. 2nd ed. Leipzig, 1903.

Sperber, H., *Einführung in die Bedeutungslehre*. Bonn, 1923.

Weekley, E., *The Romance of Names*. 3rd ed. London, 1922.

维克利教授此著作特别值得推荐，因其易于激发初学者的兴趣。

第六章

Jensen, H., *Geschichte der Schrift*. Hannover, 1925.

Sprengling, M., *The Alphabet*. Chicago, 1931.

Karlgren, B., *Sound and Symbol in Chinese*. London, 1923.

Erman, A., *Die Hieroglyphen*. Leipzig, 1912.

Bradley, H., *Collected Papers* (pp. 164ff.; 168ff.). Oxford, 1928.

第七章

Dauzat, A., *La Géographie linguistique*. Paris, 1922.

Gamillscheg, E., *Die Sprachgeographie*. Bielefeld and Leipzig, 1928.

Jaberg, K., *Sprachgeographie*. Aarau, 1908.

Bach, A., *Deutsche Mundartforschung*. Heidelberg, 1934.

Gilliéron, J., *Généalogie des mots qui désignent l'abeille*. Paris, 1918.

Gilliéron, J., et Mongin, J., *Scier dans la Gaule romane du sud et de l'est*. Paris, 1905.

Gilliéron, J., et Edmont, E., *Atlas linguistique de la France*. Paris, 1902–1910.

Wrede, F., *Deutscher Sprachatlas*. Marburg, 1926.

Wright, J., *The English Dialect Dictionary*. London, 1898–1905.

Wright, J., *The English Dialect Grammar*. Oxford, 1905.

Ellis, A. J., *On Early English Pronunciation*, pt. v. London, 1889.

第八章

Archiv für Kulturgeschichte, 1930（看其 222 页以次的总书目）.

Meringer, R., 在 *Indo-germanische Forschungen*（xvi – xix 和 xxi 中的文章）；

又，*Etymologien zur geflochtenen Wand*（见 *Festgabe für R. Heinzel*. Halle，1898）.

Hoops，J.，*Waldbaüme und Kulturpflanzen im germanischen Altertum*. Strassburg，1905.

Forster，M.，"Cross"，见 *Lieberman-Festschrift*（p. 142ff）. Halle，1921.

Frings，T.，*Germania Romania*. Bonn，1932.

Aubin，H.，Frings，T.，Müller，J.，*Kulturströmungen und Kulturprovinzen in den Rheinlanden*. Bonn，1926.

Gamillscheg，E.，*Romania Germanica*. 1934.

Mawer，A.，*Problems of Place-Name Study*. Cambridge，1929.

第九章

Vierkandt，A.，*Handwörterbuch der Soziologie*. Stuttgart，1931. 看其中的"*Sprache*"一文.

Weisgerber，E.，*Muttersprache und Geistesbildung*. Göttingen，1929.

Bally，C.，*Le Langage et la vie*. Paris，1926.

Delacroix，H.，*Le Langage et la pensée*. Paris，1924.

Dittich，O.，*Grundzüge der Sprachpsychologie*. Halle，1904.

Funke，O.，*Innere Sprachform*. Reichenberg，1924.

Van Ginneken，J.，*Principes de linguistique psychologique*. Paris，1907.

Head，H.，*Aphasia and Kindred Disorders of Speech*. New York，1926.

Katz，D. und R.，*Gespräche mit Kindern*. Berlin，1928.

Lerch，E.，*Französische Sprache und französische Wesensart*. Frankfurt，1928.

Vierkandt，A.，*Gesellschaftslehre*. Stuttgart，1928.

Vossler，K.，*Frankreichs Kultur im Spiegel seiner Sprachentwicklung*. 2nd ed. Heidelberg，1921.（英文译本由 Messrs Kegan Paul 出版.）

译 校 后 记

商务印书馆要将帕默尔的《语言学概论》再版，并且列入汉译世界学术名著丛书。这是重大的举措，而我们则面临新的任务。我们感到必须在原译的基础上进行加工，使译本达到更高的水准。现在把我在此次再版工作中的主要情况和体会略做说明。

1978年恢复研究生培养制度后，王菊泉、陈平与我在中国社会科学院语言研究所师从吕叔湘先生攻读由吕先生开创的英汉语法对比专业方向。学习期间，曾由留美归来的廖秋忠先生（我们三人的副导师）给我们（和其他很多同学）讲授当代语言学课程。吕先生给我们（及现代汉语专业方向的同学）上的课是边讲解边讨论其新著《汉语语法分析问题》。此外我们也修过周殿福先生给全所研究生开设的语音学课程。当然，还有一些零星的课外作业。在草创条件下，这样的语言学课程分量仍有不足。看到我们有积极学习的愿望，吕先生决定让我们翻译帕默尔此书。李荣先生在1949年前已经动手翻译过它的前几章，吕先生经他同意把那些旧译稿拿来使用；又让我们三人再分工续译本书其他部分（这样本书就成了四人合译本）；然后由吕先生亲自进行最后的校对并且定稿。在统稿过程中我也协助做了一点工作。这次再版，经由各方协商由我主要负责整理文本并做译校后记，以期此书更适合当今

学人之用。感谢出版社惠予足够的方便条件，使我的工作能做得到位一些。回顾起来，我先要说的一句话是：本书的翻译是我们译者学习语言学的一次有益的练习。这次校订，也仍然是学习，并且可以说是继续完成吕先生未竟的事业。现在要再次把这个译本奉献给广大读者尤其可能是初次接触语言学、需要练好基本功的一代学人，我们也希望大家能认真把它用作钻研语言学的入门参考书。

但要使本书发挥这样的作用，是否可能呢？这就涉及本书之潜在的定位问题。吕先生在中译本序里为此所做的有关论述，我们觉得仍然有效：这本书是一本"老书"了，可仍然是一本好书。因为：(1)它务虚和务实结合得好，简明扼要；(2)它重点深入，讲得透；(3)它对（许多课本不再提及的）历史比较语言学做了初步的介绍。这本老书之为好书，还因中国不止一代语言学者曾从中受益。例如，老一辈的殷孟伦教授早年就翻译过这部书（但未正式出版）。不过，1936 年的书我们在 1983 年才正式出版中译本，这书总是太旧了些。而在今日，连 1983 年新撰的书也已是老书而未必有人问津了。所以我们若想使本书继续发挥作用，就要把译本提高到当代学术的水准。但我们是译述，而非撰作；我们只能在非常局限的空间内力图有所作为。我一边做一边摸索，大致说来是试图贯彻这样的方针：驯生翻、救散拗，辟芰方、逗改貌，补按笺、增疏校；更旧名、求新效，溯源深、驱雾罩，多对比、学以教。这就是要使文本更加通顺雅致，术语更加规范合时；又要通过一些笺注加工增加其学术含量、提高其水准，并从有利于学习着眼多做解释和提示。

对译文的修改润色，是一项基本任务。原译文有的词句带方言口语味道而又拖沓，非学术著作所宜，故须芟削。尤其“的”字判断句和“的”字定语过多，并无必要（两个“的”字定语相连甚至会导致歧义）。如 1983 年版作者序首句原译：“语言是所有人类活动中最足以表现人的特点的，而在英国，语言的研究却被人忽略，甚至被人藐视，这真是怪事。”改为：“语言在所有人类活动中最足以表现人的特点；而在英国，语言研究却被人忽略，甚至被人藐视。这真是矛盾难解。”首先改掉了第一个“的”字判断句，又变动了一逗到底的标点方式（这种句读旧貌是一种毛病，不改变不行）。全书正文结尾，原译为：“它是人们表达思想的至高无上的工具，是维系民族的纽带，是历史的宝库。”改为：“它是思想的最高载体，是民族的统一纽带，也是历史的宝贵库藏。”这就显得整齐有力，而且更能对应于原文的句法结构，术语“思想载体”也是必要的更新。此次再版对术语做了系统的修改。

翻译应与时俱进，学习也无止境。我们在做翻译时，应自觉把它作为创作任务来对待，即必须像写作母语文章那样去遣词造句，要避免貌似欧化而生硬的话。唯有设立最高的工作目标，译文才有望让读者看起来感到亲切自然。这次下大决心整理文本，改动极多，不啻重译。然而我要郑重说明：旧译文并非全要不得。我的加工首先针对误译和漏译。若无大误、逐字翻译反会拗口者，就不再改。例如 157 页有一句：“从与宗教有关的词之分布可以追溯欧洲人皈依基督教的过程”，我就沿用了旧译“欧洲人”。按：“欧洲人”，对应着原文 pagan Europe（异教充斥的欧洲）。但既说欧洲人皈依基督教，抛弃“异教”便不言而喻；故为求简捷通顺，可维持原译。

作者原有的注释我们全部保留，有的还使之精细化。旧版在作者原注之外已有一些译者按语或单写的译注，但大都比较简略。这次最大限度地利用了一切可用的机会，在译按和译注中增加必要的信息。例如在第八章增加了注⑩，不但介绍了正文中的几位历史语言学大家，而且捎带介绍了施密特。在书中一个谈文化交流的地方我借便介绍了季羡林的《糖史》。这样增补的译注很多。虽然全书排版校对困难很大，我还是尽量把工作做细，包括直接对排版做了一些精加工。我还在正文和注释中加入了一些互注页码，以减少读者阅览中的疑惑。至于中外对比的内容，也视版面可能做了介绍。我们所谓"溯源"式的修订，除了术语的比勘，还有语言的考证。就书中的梵语和希腊语词而言，原作内有一点问题；我经过费力查对（包括向专家请教）都随宜做了改正。

本书明确地阐述了人类语言的本质——有意义的声音、符号化的交际工具，作者力主语言符号的任意性原理。接下来他从声学（物理）和发音学（生理）的角度讨论了语音，谈了语音学的一些技术性方面。（请注意，他已使用"力度重音"这样的准确概念。）他还说明：语音以音位构成音系，必须把语音和意义联系起来。作者讨论了形态学问题，但还不够系统。对于句法学，除个别句例之外基本未谈及。对于语义学，本书倒是下了大力气的；以第五章为中心，第四、八、九各章都涉及此题（尽管大都限于传统的水准）。从以上情况可见：语言系统的四个层面或部门，本书的处置是大部分照顾到了，但还不够充实和高度条理化。书里各有专章谈文字、文化、思维，除了这些论题本身的价值之外都可对各部门有些补充作用。作者行文的风格像是座谈，娓娓道来；这倒给读者一种亲切感。书的篇幅不大，初学者应易于接受，然更须善用之。

应该说，作者还是有眼光的。他较早接受并宣传功能主义，殊为难得。他对我们今日大谈的隐喻、转喻等认知现象有动态的观察。他反对贵族式的态度，能平等地看待社会上各阶层的语言使用，这也是正确的。这里有些问题涉及社会语言学和语用学，我们应该更系统地关注这些部门。至于书中处处贯彻历史的原则，也是一个优点；而我们学习历史语言学的内容一定要有耐心。

一本教科书可以明确介绍语言研究的思路或方法。如果没有介绍，我们自己也要思考这个问题。当代语言学已形成三条主要路线：结构语言学、功能语言学、认知语言学；从研究旨趣或方法来说，可以对语言事实进行描写、比较、解释、计算。两方面结合起来，我们就有 12 个努力方向，可以扎实地开展语言研究。学术研究是一代继一代的事业。不但搞外语的人要学习语言学，搞古今汉语和民族语的人也应该学习，关键是要把中外的语言理论会通起来并深入掌握它。希望本书能为更系统的理论学习铺平道路。以理论做指导，语言研究才有方向，才可望有大的作为。

周流溪

2013 年 3 月 4 日

图书在版编目(CIP)数据

语言学概论/(英)L. R. 帕默尔著;李荣等译. —北京:商务印书馆,2017
(汉译世界学术名著丛书:120 年纪念版:珍藏本)
ISBN 978-7-100-14923-5

Ⅰ. ①语…　Ⅱ. ①L… ②李…　Ⅲ. ①语言学—概论
Ⅳ. ①H0

中国版本图书馆 CIP 数据核字(2017)第 159026 号

汉译世界学术名著丛书
(120 年纪念版·珍藏本)
语言学概论
〔英〕L. R. 帕默尔 著
李 荣 王菊泉
周流溪 陈 平 译
吕叔湘 原校
周流溪 补校

商 务 印 书 馆 出 版
(北京王府井大街 36 号 邮政编码 100710)
商 务 印 书 馆 发 行
北 京 冠 中 印 刷 厂 印 刷
ISBN 978-7-100-14923-5

2017 年 12 月第 1 版　开本 710×1000 1/16
2017 年 12 月北京第 1 次印刷　印张 13¾
定价:65.00 元